ELIETE GOMES

Mensagem aos Sacerdotes

Reflexões sobre as dores e alegrias dos sacerdotes de hoje

Prefácio

Pe. José Luís Queimado

EDITORA SANTUÁRIO

Direção editorial:
Pe. Fábio Evaristo R. Silva, C.Ss.R.
Pe. José Luís Queimado, C.Ss.R.

Conselho editorial:
Cláudio Anselmo Santos Silva, C.Ss.R.
Edvaldo Manoel Araújo, C.Ss.R.
Ferdinando Mancilio, C.Ss.R.
Gilberto Paiva, C.Ss.R.
Marco Lucas Tomaz, C.Ss.R.
Victor Hugo Lapenta, C.Ss.R.

Coordenação editorial:
Ana Lúcia de Castro Leite

Copidesque:
Luana Galvão

Revisão:
Sofia Machado

Diagramação e Capa:
José Antonio dos Santos Junior

Dados Internacionais de Catalogação na Publicação (CIP)
de acordo com ISBD

M269d Gomes, Eliete

Mensagem aos sacerdotes: reflexões sobre as dores e alegrias dos sacerdotes de hoje / Eliete Gomes. - Aparecida : Editora Santuário, 2023.
102 p. ; 14cm x 21cm.

Inclui índice.
ISBN 978-65-5527-344-1

1. Religião. 2. Cristianismo. 3. Sacerdote. 4. Espiritualidade. 5. Igreja. I. Título.

2023-1651 CDD 240
CDU 24

Elaborado por Vagner Rodolfo da Silva - CRB-8/9410

Índice para catálogo sistemático:
1. Religião : Cristianismo 240
2. Religião : Cristianismo 24

1ª impressão

Rua Pe. Claro Monteiro, 342 – 12570-045 – Aparecida-SP
Tel.: 12 3104-2000 – Televendas: 0800 016 00 04
www.editorasantuario.com.br
vendas@editorasantuario.com.br

Prefácio

Pe. José Luís Queimado

"Ai dos pastores de Israel que apascentam a si mesmos! Não devem os pastores apascentar o rebanho? Vós vos alimentais de leite e vos revestis de lã, abateis as ovelhas mais gordas, mas não apascentais o rebanho. Não fortalecestes as ovelhas fracas, não cuidastes das doentes, não enfaixastes as que estavam feridas, não reconduzistes as dispersas. Não saístes à procura das perdidas, mas as guiastes com violência e dureza. Por falta de pastor se dispersaram, são presas de todos os animais selvagens e debandaram. Meu rebanho anda errando por todos os montes e todas as colinas elevadas; minhas ovelhas se dispersaram por toda a face da terra e ninguém vai à procura delas e se preocupa com elas" (Ez 34,2b-6).

Essa profecia de Ezequiel é um tesouro para toda a humanidade, pois transmite o que está no recôndito do coração de Deus para suas criaturas mais amadas. Os pastores de Israel eram os líderes escolhidos e consagrados para cuidar do "rebanho", do Povo Eleito, e levá-lo sempre à presença do altíssimo, por isso eram tão amados e respeitados. No entanto o Senhor Deus escuta o clamor de seu Povo, que está abandonado e disperso, pois os dirigentes religiosos negligenciaram sua responsabilidade primordial.

Os sacerdotes são os continuadores daqueles líderes de outrora, pois foram eleitos pelo próprio Jesus Cristo, o Bom Pastor, para orientarem a Assembleia Santa em sua caminhada aqui na terra, de forma especial, em seu relacionamento com Deus. "Eu sou o bom pastor. O bom pastor dá a vida pelas ovelhas" (Jo 10,11). É constatável que muitos presbíteros têm preterido de suas obrigações para com a Igreja e traído sua vocação, quando começam a servir a outros senhores. No entanto não podemos nos esquecer da grande maioria de sacerdotes que doa sua vida inteira pelo Reino de Deus. Padres que passam a maior parte do tempo evangelizando e concretizando o senhor de Jesus Cristo já aqui nestes tempos.

Nessa perspectiva, recebemos com muita alegria o livro da autora Eliete Gomes, *"Mensagem aos sacerdotes: reflexões sobre as dores e as alegrias dos sacerdotes de hoje"*. Trata-se de um material, cujo conteúdo nasceu da experiência de uma mulher leiga e engajada na vida de Igreja. Alguém que acompanha as dores, as vitórias, os desafios e as realizações de diversos sacerdotes no seio da Comunidade de Cristãos Católicos.

Para os sacerdotes, vale muito a pena abrir-se sempre, com humildade, às impressões que surgem dos membros da Igreja, pois esse também é um caminho para o crescimento pessoal e ministerial. É um tesouro poder ouvir as perspectivas de uma cristã fiel, que ama sua Igreja, sobre a caminhada atual dos sacerdotes. Críticas construtivas, conselhos preciosos e elogios equilibrados são sempre bem-vindos para o fortalecimento e o redescobrimento diário de nossa própria vocação.

Não é admissível que os membros da Hierarquia se tornem arrogantes a ponto de pensarem que não precisam de nenhum melhoramento ou nenhuma conversão. O erro está exatamente em pensarmos que somos perfeitos, prontos e acabados e que os leigos não têm nenhuma capacidade para lançar luzes na reflexão sobre as reformas, reconfigurações e reconstruções tão necessárias para a vida do clero de hoje. As estruturas eclesiásticas se enrijecem de tal forma que não há espaço para o ser humano florescer em sua essência. Os membros do clero se tornam, aos olhos do Povo, quase que uma personificação dos seres angelicais, isentos de desejos e fragilidades, que a pressão sobre eles se torna insuportável.

Precisando demonstrar uma vida irrepreensível, de perfeição, mesmo tendo de lidar com os próprios impulsos carnais, muitos sacerdotes acabam buscando caminhos inadequados para afogar seus desejos mais íntimos e proibidos. Assim se prolifera a tão preocupante vida-dupla na vida da Igreja, em que a regra maior se torna a hipocrisia.

A autora Eliete Gomes percebe muitas fragilidades na vida dos sacerdotes, que precisam ser abordadas de forma leve e natural, para que as consequências nefastas da repressão não ceifem mais vidas preciosas desses homens consagrados a Deus e à Igreja. Os casos de depressão, suicídio, competitividade, narcisismo e individualismo são temas de reflexão no decorrer do livro, aos quais são dadas algumas soluções possíveis.

À Assembleia Santa a autora também dirige sábias palavras de aconselhamentos. O sacerdote não exerce sua missão e vocação sozinho. Ele é enviado às pessoas, para curar, perdoar, ministrar os sacramentos e continuar a presença de Jesus Sacerdote em nossa realidade encarnada, ou seja, encontrar-se e conviver com o Povo de Deus, do qual ele também faz parte. Por isso os direcionamentos que a autora faz são muito válidos. As pessoas precisam ajudar seu sacerdote a realizar todas as suas potencialidades enquanto vocacionado do Pai. Agir com misericórdia é a regra de ouro para que isso aconteça. Quando o sacerdote encontra pessoas amigas, que se preocupam com o bem de sua vida, que são parcerias na caminhada e que rezam por ele, tudo se torna mais fácil. Por outro lado, a vida se torna um caos quando o povo o persegue, coloca pesados fardos em suas costas e o escraviza para saciar os desejos egoístas de alguns grupos ou determinadas pessoas.

Enfim, vale a pena nos debruçarmos sobre esta obra para expandir nossos horizontes de compreensão sobre o relacionamento entre o clero e os leigos, pastores e rebanho. Na caminhada harmoniosa de ambas as partes, é que encontramos a realização do Reino de Deus, de paz e amor, que Jesus já inaugurou aqui na terra. Convidemos a todos para se inspirarem no coração misericordioso de Jesus, pois é lá que encontraremos alívio para nossas dores, esperanças para vencer nossos medos e alegria para nosso coração entristecido. Pois assim disse Ele: "Vinde a mim, vós todos que estais cansados e oprimidos, e eu vos darei descanso! Tomai sobre vós meu jugo e aprendei comigo, porque sou manso e humilde de coração, e achareis descanso para vossas almas, porque meu jugo é suave e meu peso, leve" (Mt 11,28-30).

Boa leitura a todos!

Apresentação

Muito se fala de sucesso, de aprovação, de aceitação, mas pouco se fala de fracasso, de limites e de erros. É a cultura do cancelamento que estamos vivendo atualmente, e é ela uma das razões que está nos tornando pessoas irracionais, satisfeitas com a queda do outro.

Ao observarmos os comportamentos, nota-se que estamos atravessando um período completamente avesso ao que mais há de humano em nós: a capacidade que temos de pensar sobre nossas emoções e, dessa forma, agir. O que há de mais belo em ser humano está sendo distorcido, esquecido e, por muitas vezes, aniquilado.

E isso não é diferente dentro das instituições religiosas, porque muito se fala de doutrina, de teologia, de documentos, o que é muito importante, mas pouco se fala de nossa humanidade e, em especial, da humanidade de nossos padres.

Afinal, o que é ser padre? É ser reflexo do Sacerdote dos sacerdotes, que, sendo um de nós, resgatou nossa dignidade humana! Ademais, não foi a humana confiança em Deus Pai que o fez mergulhar no mistério da Morte e Ressurreição? Não foi essa relação humana e divina que o Mestre nos ensinou e nos deixou?

Ultimamente, as vias que nos levam à sagrada humanidade estão obstruídas. E nossos padres, sempre envoltos em sentimentos e acontecimentos sofridos pelo povo fiel, estão vivendo a crueldade da solidão. Para alguns deles, a celebração da Santa Missa tornou-se o único momento em que se sentem realmente realizados; fora do presbitério, a felicidade passa a ser despercebida.

A vocação presbiteral é muito complexa e exigente e tomou rumos diferentes, porque os corações tornaram-se pesados demais, não só pelo sofrimento humano, mas também pelas pressões que a missão sacerdotal exige.

Alguns podem perguntar: não seria a vida do clérigo ajudar o povo, por intermédio da fé, a passar pelas tormentas da vida? Não seria ele o escolhido de Deus para salvá-lo e auxiliá-lo rumo ao Reino de Céu? Não seria o padre a figura concreta do Cristo Crucificado?

Para essas questões tão comuns entre leigos eu prefiro responder com outras perguntas: parece justo pessoas serem escolhidas para viverem as doçuras de quaisquer bem-aventuranças, com alegrias e satisfações, e outras apenas viverem as amarras da infelicidade e da solidão? Seria justo dizer que o mundo foi predestinado a ser dividido entre pessoas que nasceram para serem felizes e outras não? E os sacerdotes deveriam estar em qual lado, entre os felizes ou infelizes?

O sofrimento humano é natural, comum a todos no que diz respeito a uma humanidade falível e finita, principalmente no que concerne ao corpo e à mente. Por causa disso é coerente achar que o sofrimento mental, sentimental e até espiritual seria a vontade do Senhor Deus, quando encontramos em Jesus toda a redenção da humanidade? Ou será que a Redenção de Cristo vale apenas para Ele morrer e ressuscitar? Se dividirmos o mundo entre pessoas felizes e as infelizes, por vontade de Deus, então, a vida de Jesus só teve valor por causa de sua santa morte? Ele, que veio para nos salvar e cujo projeto não terminou na cruz, tornando-se contínuo, está acima da morte, é vida plena, abundante! E essa consciência libertadora deixada por Ele deve ser absoluta em todo ser humano. Assim todos que com Ele têm uma vida conseguem ser felizes. Por isso a vida clerical não pode ser pesada e de previsões.

Sabemos que ela possui dificuldades, mas também realizações, como toda missão. E o sacerdote sempre e em todo momento de sua vida, se desejar, poderá ser a pessoa de Cristo, vivendo alegrias, celebrações, felicidades, mas também sofrimentos, dores, tristezas, curas e sinais. Isso só será possível se a cada realização deixar o mistério de Deus agir em abundância.

A felicidade pode e deve ser estendida a todos, inclusive a nossos irmãos sacerdotes, que, feitos da mesma matéria que nós, possuem apenas uma diferença: são chamados a serem "amigos escolhidos" do Cristo. Ser padre é uma vocação, mas sofrer como padre não é a vontade de Deus.

Assim, na profunda discussão que há entre não ser ou ser a vontade de Deus, é indispensável a frase de Santo Agostinho: "**Ame e faça tudo o que queres**", porque, se a humanidade inteira amasse verdadeiramente, compreenderia que o amor que vem de Deus é para todos, em todas as dimensões, e que as realizações materiais não são responsáveis por qualquer tipo de felicidade, porque bastaria o ser como ser e o próximo como parte de nosso próprio ser e de nossa própria história, para o sofrimento ter um papel bem menos significativo neste mundo.

Ser cristão não é estar livre de provações, mas sim saber que temos, a nosso favor, Cristo, que atravessa nossa história conosco, como o Deus-Conosco, por meio da Igreja, dos sacramentos, da Palavra do Senhor, pregada por nossos irmãos sacerdotes, que nos fazem sentir que Jesus está aqui, que seu Reino, que nunca tem fim, também está.

Esta obra não traz uma solução para os problemas e para as dores sacerdotais, apenas convida os leigos e os próprios sacerdotes a uma reflexão: o que desejamos deixar de herança espiritual às futuras gerações, uma vez que não conseguimos compreender o ser humano como independente de sua vocação? Além disso, ela também é a expressão sentimental para a oferta diária que os clérigos fazem de sua vida para nossa vida, a fim de que o Reino habite entre nós.

Com todos eles, desejo ser voz, falar de suas dores, sem julgamento, sem medo, porque somos revestidos da mesma humanidade! A diferença que há entre nós leigos e os sacerdotes está na mesa do altar, porque, em algum momento de seu dia, de sua semana, estes estão revestidos da Pessoa de Cristo. Por isso aqui está uma contribuição para as dores sacerdotais.

Introdução

> À tarde daquele dia, disse-lhes: "**Passemos para o outro lado**". Deixando o povo, levaram-no consigo na barca, assim como ele estava. Outras embarcações o escoltavam. Nisso, surgiu uma grande tormenta e lançava as ondas dentro da barca, de modo que ela já se enchia de água. Jesus achava-se na popa, dormindo sobre um travesseiro. Eles acordaram-no e disseram-lhe: **"Mestre, não te importa que pereçamos?"** E Ele, despertando, repreendeu o vento e disse ao mar: "Silêncio! Cala-te!" E cessou o vento e seguiu-se grande bonança. Ele disse-lhes: **"Como sois medrosos! Ainda não tendes fé?"** Eles ficaram penetrados de grande temor e cochichavam entre si: "Quem é este, a quem até o vento e o mar obedecem?" (Mc 4,35-41).

O Sacerdote dos sacerdotes (Hb 8,1) faz um convite: "Passemos para a outra margem". Em uma analogia simples, é aqui que podemos dizer que existe um chamado para a vocação dos sacramentos, para a missão de todas as missões.

O chamado ao aspirante ao sacerdócio, muitas vezes, começa desta forma: "Passemos para a outra margem", com um convite, feito por Jesus, que não se pode esquecer. Trata-se de um aceno, sem uma razão aparente, do que se vai fazer do outro lado da margem; nem ao menos um descritivo do que vai ver do outro lado. E o futuro presbítero, cheio de entusiasmo, diz sim e vai.

A vocação sacerdotal é cheia de surpresas, muito além das que encontramos dentro de uma vida profissional, ou dentro da vocação de leigos, ou até da vida consagrada. Ela é diferente, porque trata-se de uma predestinação incerta, por ter uma gama de missão e vocação.

É por causa dessa incerteza que, muitas vezes, o sacerdote se vê como os discípulos, apavorados dentro da Barca, chamada Igreja.

Em meio a uma tempestade, o assombro, o medo, a insegurança e o questionamento: "Senhor, não te importas que pereçamos?" são, por vezes, naturais.

Essa tempestade tem vários nomes: comunidades, tentações, desmotivações, ciúmes, predileções, críticas, desilusões, e assim, com o tempo, tudo vai se desvelando para que a vocação sacerdotal passe por um caminho que vai da cruz para a ressurreição e da ressurreição para a cruz.

Dessa forma, o sacerdote se descobre entre muitas atividades e muitos papéis: o Filho do Homem (*In Persona Christ*), o Homem de Aço (às vezes, injusta atribuição das paróquias e comunidades), o operário do sagrado, o Perfeito Homem (desejo de todos que frequentam ou não os bancos da igreja) ou, até no profundo da dor, Servo Inútil (Lc 17,10). De todos os papéis exercidos, na maioria das vezes, é esquecido o que os sacerdotes realmente são por essencialidade: Seres Humanos. E, nessa objeção à humanidade, eles recorrem a Jesus questionando: "Não te importas que pereçamos? Não te importas que soframos e morramos? Não te importas conosco?"

O papa Francisco, no dia 27 de março de 2020, enfrentou a Praça de São Pedro fisicamente sozinho, emocionalmente acompanhado. Por muitos momentos, enfatizou esta pergunta a Jesus na Cruz, exposta para aquela ocasião: "Não te importas...?"

Os sacerdotes, solitariamente, no abismo de seu íntimo, questionam-se ao mesmo Cristo, à mesma Cruz: "Tu, ó Senhor, não te importas comigo?" E essa pergunta não lateja tanto na preparação ao sacerdócio, surge ao longo do exercício presbiteral, podendo ser interpelada até nos primeiros anos do ministério da ordem e acompanhada da ousadia de Pedro: "Eis que deixamos tudo para te seguir. Que haverá então para nós?" (Mt 19,27).

O Senhor não se silencia diante da dor: "Por que sois tão medrosos? Ainda não tendes fé?" Quando Jesus responde a uma pergunta com outra pergunta, percebe-se que sua indagação representa várias respostas:

"Esquecestes que eu os convidei para atravessar o mar" (Mc 4,35).

"Esquecestes que 'sou eu o Emanuel'" (Mt 1,23).

"Esquecestes que 'os chamo de amigos'" (Jo 15,15).

"Esquecestes que os convido para 'descansar em um lugar a parte'" (Mc 6,31).

Então seus amigos sacerdotes respondem a Ele: "Mestre, nós sentimos medo, nós temos fé, mas é sua graça que vai nos bastar. Não nos deixe só". E o Sacerdote dos sacerdotes responde:

"Esquecestes? Eu estou convosco até o fim" (Mt 28,20).

1

As dores dos sacerdotes

1. A dor da incompreensão

Há um olhar muito crítico de nossa parte, das comunidades e da sociedade, seja ela religiosa ou não, sobre os sacerdotes, o qual tenta modelá-los a uma incompreensível perfeição. Exigimos ação, oração, coragem, força e uma supremacia divina da parte deles de modo que nos cegamos em relação a sua humanidade. É como se os impedíssemos de errar, de serem pessoas comuns, de terem desejos e sonhos. E o fato é que, em qualquer deslize, estamos prontos para crucificá-los. Mas o que fazemos com o que eles sentem?

Muitas vezes, quando os paparicamos exageradamente, nós o fazemos porque achamos que são perfeitos, mas, a qualquer momento, quando não correspondem a nossas expectativas, preparamo-nos para criticá-los, julgá-los e condená-los, com o objetivo único de crucificar suas ações. Isso não é feito apenas pelos leigos, participantes ou não da Santa Igreja, é feito também por eles, entre eles.

No fundo, são incompreendidos em todas as dimensões, sendo, às vezes, levados a acreditarem na própria divindade. Então, quando seus erros aparecem, vão ao limbo da culpa, da autocondenação, e o povo fiel, que ofertou o extremo da adulação para eles, passa a criticá-los excessivamente.

Existem poucas profissões e vocações que são tão criticadas quanto a dos presbíteros. Raramente, ouviremos alguém dizer que não gosta de bombeiros, médicos, ou professores, mas encontraremos facilmente pessoas prontas para dizer, generalizando, que não gostam de padres, porque, de forma irracional e imatura, associam o comportamento de um ou outro sacerdote à condição humana dele, isto é, associam o erro ou comportamento à categoria do clero como um todo, fazendo com que a medida de julgamento para um seja igual para outro.

Os padres são vitrines para uma sociedade pouco espiritualizada, com um forte viés secular. E isso atualmente dá às pessoas o direito de instituírem um tribunal clerical, como se estivéssemos perto das Três Pessoas da Santíssima Trindade, e destituírem de seu coração a misericórdia, que poderia ajudar esses servos do Senhor.

Nós não compreendemos o verdadeiro papel de um único sacerdote, porque desejamos que sejam perfeitos e os criticamos como se fossem todos iguais.

A dor da incompreensão está muito associada ao fato de que o padre tem várias tarefas dentro de suas atividades clericais, porém poucas delas são identificadas de fato com a essência de cada um.

Fazem parte de sua vida as multitarefas, o peso de várias atividades extenuantes! Também é comum ser desafiado com aquelas com as quais não tem a menor identificação, ou seja, muitas vezes, é direcionado para atividades que não correspondem com sua identidade e seu talento; isso em algum momento poderá gerar frustração.

Em toda vocação, há os frutos das frustrações e das realizações, e é natural que as realizações sejam mais fortes do que as frustrações. Quando estas ocorrem, devemos lutar para que o negativismo, tão peculiar no mundo moderno, dê lugar à gratuidade dos dons desenvolvidos. Ser humano é uma luta constante contra aquilo que somos e não apreciamos.

Os leigos podem, de forma humilde, ajudar os sacerdotes, com seus dons em suas atividades, sem tirar deles sua autoridade de líder espiritual e respeitando suas posições quanto ao fardo de exercer atividades indesejadas e frustrantes.

Em conversa com um padre, ele pediu que eu lesse um livro voltado especialmente para a dor deles: "A Dor Invisível dos Presbíteros", da Dra. Luciana Campos, que, com sua experiência no atendimento a sacerdotes, religiosos e pastores, faz um alerta sobre as dores que envolvem as muitas tarefas e a ausência da compreensão.

Ela relata em seu livro que a decisão de o escrever se deu da seguinte forma:

> "... em novembro de 2016, em um intervalo de um mês, três jovens sacerdotes católicos se suicidaram em diferentes regiões do país, trazendo perplexidade aos fiéis... Passei a me perguntar por que esses três homens não procuraram ajuda... Entrei no perfil de um deles na rede social. Eu estava enganada. Estava ali um pedido claro, contundente, sofrido" (p. 69).

Isso nos leva à reflexão sobre a falta de responsabilidade com a vida de nossos sacerdotes, sobre a forma como desejamos ser socorridos, esquecendo-nos de dar o auxílio, com nossa compreensão e nosso acolhimento. Estamos nos tornando responsáveis pelo desencanto, que os pode levar a desistir da vocação ou, até mesmo, da própria vida.

Há dois casos de padres, cujo trabalho de comunicação é muito eficaz, os quais tiveram a coragem de apresentar suas fragilidades, suas síndromes psíquicas. Embora tenham apresentado as principais razões de suas dores emocionais, por terem uma agenda cheia, com shows, apresentações, são equivocadamente confundidos como pessoas fortes, incapazes de sentir cansaço; são desrespeitados em suas ações e até em momentos de privacidade. A vida pública retirou deles a capacidade de serem humanos! Por só desejarem evangelizar com a arte, isso não é culpa deles, mas de quem lhes atribuiu o peso de terem de ser perfeitos.

Uma vez ouvi um relato de um padre sobre uma pessoa que o questionou se estava feliz. Ele disse sim, para manter a formalidade que essa pergunta aparentemente exige. Ainda assim, a pessoa enfatizou e refez a pergunta: "Padre, o senhor está realmente feliz?" Segundo ele, aquela pergunta lhe ressoou de tal forma que o fez abrir seu pesado coração. Não, ele não estava feliz, e alguém precisava saber disso.

A felicidade deles realmente nos importa?

Esta pergunta: **Padre, o senhor está realmente feliz?** deveria ser feita sempre de nossa parte para esses nossos amigos que nos socorrem quando nós estamos tristes.

Muitas vezes, os sacerdotes se isolam, por causa de nossas críticas e acabam tendo apenas amizades formais, porque até as relações amigáveis com alguns leigos podem trazer insegurança advinda das críticas injustas.

Embora saibamos que tudo o que vivemos na fé cristã diz respeito a um Cristo, que já se encontra ressuscitado, e que nossa religião é iluminada pelo Cristo Vivo, nossos amigos sacerdotes vivem a mística das dores sofridas por Ele, vivem um Cristo Crucificado Ressurreto.

O Sacrifício no Altar, celebrado nas Santas Missas, ultrapassa o entendimento humano nos fazendo compreender que o padre vive, de maneira distinta de nós, um Cristo, que também sofreu pela dor da incompreensão:

> "Jerusalém, Jerusalém, que matas os profetas e apedrejas os enviados de Deus, quantas vezes quis ajuntar teus filhos, como a galinha abriga sua ninhada debaixo das asas, mas não o quiseste!" (Lc 13,34).

2. A dor do vazio

A dor do vazio não está relacionada com a fé do sacerdote, mas com a sensação de solidão inerente à vida cotidiana deles.

Certa vez, um presbítero me disse que os problemas clericais são diferentes daqueles que os leigos enfrentam. Isso se deve, principalmente, porque a vida sacerdotal é distinta em especial, por causa de suas imensas atividades.

Em um breve resumo, os padres: celebram a missa, constroem e restauram igrejas, acolhem doentes, pecadores e famílias enlutadas, atendem confissão, celebram casamentos, batizam, evangelizam, levantam fundos financeiros, limpam, cozinham, administram a economia etc. Porém, ao fecharem as portas da igreja, sentem-se solitários e vazios, porque não há com quem dividir uma única palavra daquilo que fizeram, conquistaram ou perderam. E isso acontece porque o povo fiel acha que eles são fortes e obrigados apenas a ouvir as pessoas.

Outro ponto é que, ao olharmos o sacerdócio apenas como profissão, vamos compreender a exigência da vocação, que, com o tempo, vai desenvolvendo, dentro do conceito psicanalítico de Freud, uma repressão, um recalque, porque, muitas vezes, não há um direcionamento, por meio de uma mentoria, para a missão verdadeira do sacerdote dentro de sua vocação. A definição mais comum de repressão é a de que se trata de um processo psíquico por meio do qual o sujeito rejeita determinadas representações, ideias, lembranças, determinados pensamentos ou desejos, submergindo-os na negação inconsciente, no esquecimento, bloqueando, assim, os conflitos geradores de angústia.

Toda profissão, ou atividade, vai exigir de alguém um aprimoramento maior em algum dos campos de atuação, porém, com os padres, isso, muitas vezes, não ocorre, porque são obrigados a cumprir inúmeras atividades.

Dessa forma, a dor da incompreensão junto a essa repressão de seu principal talento, gerado pelo excesso de atividade, torna o sacerdote uma pessoa distante de sua própria humanidade.

Ele, na maioria das vezes, não é convidado a participar das alegrias da vida humana, ficando a seu encargo apenas as dores humanas. Assim, por ser considerado forte, não consegue permissão (conscientemente ou não), a partir de si mesmo, de expor suas vontades e seus desejos, provocando o próprio isolamento.

Dentro do desenvolvimento humano, é natural observarmos qual a tendência vocacional de cada pessoa, a razão de ser de cada ser humano e, com isso, direcionarmos a pessoa para o lugar onde se sentirá mais confortável com seus dons. Porém o sacerdote não se vê com o direito de dizer, dentro de sua vocação, do que mais gosta ou onde encontra mais felicidade com suas afinidades, principalmente entre os diocesanos, porque entre eles há um pouco mais de sensibilidade quanto a esse olhar sobre os melhores talentos a serem desenvolvidos.

Assim, as inúmeras atividades cooperam com a obrigação de não poder fazer escolhas mais direcionadas com a própria identificação dentro da missão, uma vez que, ao escolher a vida sacerdotal, isso significa abraçar tudo; se isso não for bem trabalhado nos seminários, de alguma forma será desolador.

O que é muito natural são padres com muitas amizades superficiais, que recebem auxílios de forma material, porém não emocional, deixando neles aqueles sentimentos de incompletude.

E essa sensação de vazio, ou de solidão, provocada pela ausência de algo, não tem relação direta com o fato de eles não constituírem sua própria família, mas com o fato de haver uma falsa ideia de que estão envolvidos com o sobrenatural na maior parte de seu tempo. Reconhecidos como pessoas fortes, é comum o leigo enxergar neles uma proximidade com Deus, achando, com isso, que têm capacidade de suportar todos os problemas de ordem emocional; entre eles a solidão. Mas isso é um grande equívoco, uma vez que as muitas atividades, por vezes, retiram-nos até do tempo para rezarem.

A oração é um momento importante e salutar para o fortalecimento da vocação sacerdotal. Mas os excessos e as pressões podem fazer com que os clérigos fiquem apegados às que são formuladas, que no íntimo produzem poucos frutos, porque estão sendo feitas automaticamente. Não que essas não tenham efeitos, mas, se não forem refletidas, pouco se retira delas.

Tanto as orações, quanto os sentimentos e os conflitos precisam passar pelo crivo dos movimentos interiores.

Dessa forma, também a vida sacerdotal precisa ser sentida, vivida de dentro para fora, e não de fora para dentro. Ela precisa dizer algo que vai além da satisfação do povo fiel, do bispo diocesano, ou do superior religioso. Enfim, é preciso sentir e refletir.

Uma carta de Charles de Foucauld (1858-1916) diz:

> **Que fostes ver ao deserto?**
> É preciso passar pelo deserto e aí permanecer para receber a graça de Deus; é lá que nos esvaziamos, que extraímos de nós tudo o que não é de Deus e que esvaziamos completamente esta pequena casa de nossa alma para deixar todo o espaço apenas para Deus. Os judeus passaram pelo deserto, Moisés viveu lá antes de receber sua missão, São Paulo e São João Crisóstomo prepararam-se no deserto. [...] É um tempo de graça, é um período pelo qual toda a alma que quer produzir frutos tem necessariamente de passar. Ela precisa deste silêncio, deste recolhimento, deste esquecimento de todo o criado, no meio dos quais Deus estabelece seu reino e forma nela o espírito interior: a vida íntima com Deus, a conversa da alma com Deus na fé, na esperança e na caridade. Mais tarde, a alma produzirá frutos exatamente na medida em que o homem interior se tiver formado nela (Ef 3,16). [...]
> Não se dá o que se não tem e é na solidão, nesta vida apenas e só com Deus, neste recolhimento profundo da alma que esquece tudo para viver exclusivamente em união com Deus, que Deus se dá inteiramente àquele que se dá assim a Ele. Dai-vos inteiramente somente a Ele [...], e Ele se dará inteiramente a vós. [...] Vede São Paulo, São Bento, São Patrício, São Gregório Magno e tantos outros, quão longos tem-

> pos de recolhimento e de silêncio! Subi mais acima: olhai para São João Baptista, olhai para Nosso Senhor. Nosso Senhor não tinha necessidade disso, mas quis dar-nos o exemplo (Carta ao Padre Jerônimo, 19 de maio de 1898).

É preciso se reconhecer vazio, solitário, limitado, para saber pedir ajuda, para dizer o que não está bom, e a partir deste "deserto" também saber se entregar à divina Providência, à divina relação Deus e homem, Deus e filho. O sacerdote na dor de seu vazio poderá aprender a ser com Cristo, não apenas sacramentalmente, mas constantemente.

E, da conjunção que parte da abertura do coração à admissão do próprio vazio, para amizades sinceras, para um profissional especializado em dores no coração, poderá trazer resultados positivos para quem está passando pela dor do vazio.

3. A dor do abandono

É muito mais comum do que podemos pensar dentro das esferas sacerdotais. Ocorrem por muitas razões, dentro do clero: conflitos de gerações, competitividade etc., levando muitos padres ao total abandono e desprezo.

Algo que leva o sacerdote a essa DOR é a forma como as gerações de padres se tratam. É muito comum, por exemplo, os mais velhos serem evitados pelos mais jovens, e a reciprocidade também ocorre. E isso vem se tornando comum em todas as passagens de gerações, e em todos os ambientes, corporativos ou não.

Com presbíteros, isso é algo mais evidente, porque a Igreja (povo e instituição) está sempre em busca daqueles que apresentam mais dinamismo, ou que correspondem às expectativas de cada parte.

Hoje, o clero brasileiro apresenta 4 gerações, e há também os seminaristas que chegam de uma 5ª geração. É preciso compreender cada uma delas, porque isso traz riqueza ao desenvolvimento humano:

I. Geração Silenciosa – 1925-1944;

II. Baby Boomers – 1945-1964;

III. Geração X – 1965-1984;

IV. Geração Y – 1985-1999;

VI. Geração Z – 2000-atual.

Parte da geração silenciosa viveu o pré-Concílio, com a experiência pós-guerra. Isso os fez com forte resiliência em relação aos problemas que a própria Igreja vinha sofrendo nos últimos anos por causa das grandes mudanças do comportamento social.

A Geração Baby Boomers é conhecida por sua capacidade de construir, de forte compromisso com o trabalho, porém com dificuldade de aceitar as mudanças. Já a Geração X é conhecida como ponte, pela facilidade em dialogar com todas as gerações; é reconhecida por sua competência e seu equilíbrio entre a vida pessoal e profissional. A Geração Y é da migração, pois nasceu em um mundo onde a tecnologia estava em desenvolvimento. É criativa, porém conhecida como individualista. Já a Geração Z é conhecida como a geração das telas dos smartphones, porque seus principais assuntos passam por essas telas. Apesar de ser pouco compreendida, está pronta para o diálogo[1]. Porém não podemos trabalhar as gerações como se fossem diferentes e não pu-

[1] Dados com base no artigo *A relação de gerações Baby Boomers, X, Y e Z em uma organização prestadora de serviço*, de Luciane Neumann e Lígia Margarete Mallmann.

dessem ser agregadas a nossa vida, pois se assim o fizermos poderemos criar barreiras e com isso solidão e desprezo.

Assim, aproximar cada geração, juntar os talentos, as experiências e transformar as diferenças em diálogos frutíferos pode ser uma solução para essa problemática. Um bom exemplo disso é a forma como as muitas gerações dos Missionários Redentoristas se relacionam para evangelizar. Por meio das transmissões de suas mídias, notamos uma comunhão, a fim de que a comunicação seja eficiente, trazendo resultados positivos para todos. Outra ação que pode ser adotada é colocar padres mais experientes para direcionar padres jovens espiritualmente, tornando essa prática uma obrigação. "Padre precisa ter amigo padre, pois apenas um padre saberá entender o que dói em seu colega." Assim ouvi de um sacerdote com mais de 10 anos de ordenação e que foi aconselhado ainda quando era seminarista. Portanto abandonar um colega do clero, apenas porque ficou mais velho ou porque é muito novo e cheio de entusiasmo, é egocentrismo.

E vale dizer que muitos padres não se aproximam de outros, porque encontram neles um concorrente. Um ambiente de competição é bem natural dentro das corporações, mas, dentro do ambiente religioso, isso pode ser mais bem cuidado, se o líder souber identificar o talento de cada um e explorá-lo a favor da comunidade e da Igreja, valorizando o que cada um tem de positivo.

Além dessas alterações comportamentais das gerações e os ciúmes nos tempos atuais, deparamo-nos com uma sociedade contaminada com uma forte polaridade na esfera política e ideológica.

A discussão improdutiva entre esquerda e direita, que tenta segregar uma Igreja, faz com que a própria sociedade, machucada pelos extremos partidários, não consiga se aproximar da Igreja para curar suas feridas.

Há, por trás dos discursos, pessoas querendo ter razão, preferindo dividir (lembrando o significado que é *diabolôs* no grego), em vez de despertar uma fé, que leve cada ser humano ao caminho da espiritualidade e à comunhão, dentro da proposta sobre o Reino do Céu, de Jesus Cristo.

E esse anseio pelo certo, pela vontade imensa de ter razão, traz muito mais conflitos do que respeito pelas opiniões diferentes. Claro, as gerações têm pontos de vista diferentes porque sua própria origem é distinta. Exigir que alguém de 30 anos se comporte como alguém de 60 anos está distante da coerência fraterna.

Outro ponto difícil nesta dor do abandono é o erro. Conheço três sacerdotes que foram afastados da ordem, que sofreram com o abandono total. De novo, a cobrança pela perfeição falando mais forte do que a misericórdia. Junto a esse abandono, vem um julgamento tão cruel quanto à própria culpa. É natural que o discernimento dê a seu próprio consciente o arrependimento, e, então, chega-se à culpa, porém alguns fazem com que o erro de um padre tome uma proporção maior do que realmente é.

E além do abandono do clero, dos fiéis, que tomam conhecimento do erro, há o abandono do superior, que o faz mais por falta de afinidade do que pela característica do erro.

Por outro lado, na relação sacerdote e Jesus, encontra-se o conforto, pois o abandono é uma das dores de Nosso Senhor Jesus Cristo, na mística da Cruz e Ele, Dele como Deus com o Pai, tal como professamos no credo Niceno-constantinopolitano. Em nosso nome, gritou: "Meu Deus, Meu Deus, por que me abandonastes?" (Mt 27,46).

Para o abandono do Cristo, o papa Emérito Bento XVI diz:

> Nesse momento, Jesus faz seu todo o Salmo 22, o Salmo do povo de Israel que sofre, e deste modo assume sobre si não só o sofrimento de seu povo, mas inclusive o de todos os homens, que padecem pela opressão do mal e, ao mesmo tempo, leva tudo isso ao Coração do próprio Deus, na certeza de que seu clamor será atendido na Ressurreição: "O grito no tormento extremo é, ao mesmo tempo, certeza da resposta divina, certeza da salvação – não só para o próprio Jesus, mas para 'muitos' (Jesus de Nazaré II, 239-240). Nesta oração de Jesus estão encerrados o abandono e a extrema confiança nas mãos de Deus, mesmo quando parece ausente, mesmo quando parece permanecer em silêncio, seguindo um desígnio que nos é incompreensível. No Catecismo da Igreja Católica lemos assim: No amor redentor que constantemente o unia ao Pai, [Jesus] assumiu-nos no afastamento de nosso pecado em relação a Deus a ponto de, na cruz, poder dizer em nosso nome: 'Meu Deus, meu Deus, por que me abandonaste?" (n. 603). Seu é um sofrer em comunhão conosco e por nós, que deriva do amor e já contém em si a redenção, a vitória do amor (Audiência Geral, 8/2/2012).

2

SACERDOTE: UM CURADOR FERIDO

1. Desolação, ansiedade e depressão

A forma como um sacerdote é convidado a beber o cálice de Cristo vai muito mais além do erguer o vinho transubstanciado no Sangue do Cordeiro de Deus. Aquele Sangue preparado misteriosamente na mesa do altar é fácil de ser bebido, o difícil está em beber o Cálice erguido no Getsêmani, que fez o Cristo suar sangue, tamanha angústia e tamanho estresse.

E essa angústia está cada vez mais frequente na vida presbiteral, porque há uma cobrança excessiva, com relação ao comportamento humano deles, para a perfeição sacerdotal; exige-se que eles sejam "overqualified" (superqualificados) na administração pastoral e paroquial; e junto a isso há a solidão.

Atualmente, de forma correta, algumas dioceses, congregações e alguns institutos estão investindo na qualificação de seus pastores para serem bons administradores. Isso é algo bem positivo, uma vez que eles não tinham habilidades desenvolvidas e estavam sendo cobrados pela própria comunidade para serem "profissionais" na gestão financeira e administrativa.

Contudo não pode ser esquecido que esses "gestores" estão para além de gerir patrimônio e finanças. Eles são convidados pelo próprio ofício a "administrar" a espiritualidade e a religiosidade das pessoas que compõem o corpo da Igreja. E é esse um dos momentos que o risco da crise sacerdotal pode acontecer.

Em abril de 2017, a BBC Brasil publicou uma reportagem com o título: "Depressão no altar: quando padres e sacerdotes precisam de ajuda", que destacou os casos de suicídios de sacerdotes (cf. https://www.bbc.com/portuguese/brasil-39740596).

O grande desafio é chamar atenção para o tema, sem promover, sem condenar, sem julgar, sem desmerecer todas as estâncias envolvidas no caso de um suicídio. Nesse instante é preciso muita misericórdia para tratar do assunto.

Ao fazer uma breve e injusta comparação entre a vida de um sacerdote com outro profissional meramente administrativo, podemos levar em consideração que o profissional do mercado corporativo tem uma carga horária exata para se cumprir e a opção de, ao sair de seu trabalho, desligar-se do ambiente, que, por muitas vezes, é pesado e tóxico. Já a rotina de um padre é pesada, por causa da grande demanda exigida, por pertencer plenamente a seu ambiente de trabalho e por poder se desligar de seu ofício apenas uma vez por semana. Isso pode causar Transtornos de Ansiedade e Depressão, que acabam sendo os maiores geradores da desordem emocional e, consequentemente, mental na vida do sacerdote. Com isso é preciso saber identificar as várias reações:

Transtorno de Ansiedade Generalizada (TAG)

- Tensão constante e permanente;
- Preocupação excessiva;
- Enxaquecas;
- Úlceras estomacais;

- Indisposição mental e física;
- Irritabilidade;
- Insônia crônica;
- Tensão muscular.

Síndrome do Pânico

- Medo excessivo sem motivo aparente;
- Falta de ar;
- Batimentos cardíacos acelerados;
- Tonturas;
- Dores torácicas;
- Sensação de que a morte se aproxima.

Transtorno Obsessivo Compulsivo (TOC)

- Ações repetidas;
- Rituais compulsivos;
- Ideias obsessivas;
- Comportamento sem sentido;
- Pensamentos prejudiciais à saúde mental.

Depressão

- Raiva, frustração, irritabilidade;
- Melancolia e tristeza;
- Introspecção;
- Maior cansaço físico;
- Ideias suicidas.

Mais do que identificar as diversas reações, é preciso saber pedir ajuda. Isso para os homens é um pouco complicado, porque, por sua própria natureza, já tendem a não pedir ajuda e, no caso do presbítero, mais ainda porque a cobrança de serem pessoas fortes é muito maior dentro de uma sociedade, muitas vezes, preconceituosa com os transtornos mentais. Há muita negação, muito orgulho e, acima de tudo, muita vergonha de serem taxados como pessoas fracas na fé, o que também é errado, associar livre e superficialmente a falta de fé aos transtornos psicológicos.

As consequências sobre essa aparente ausência de força e de fé levam muitos ao suicídio, ao alcoolismo e a outras condutas de fuga. Por isso pedir ajuda ao superior, ao episcopado, aos amigos, a algum padre mais experiente, ao profissional da área é uma das formas de se evitar a perda da alegria de viver.

"Acaso podeis beber do cálice que vou beber?" (Mt 20,22), perguntou Jesus a dois de seus discípulos, que, prontamente, sem muita noção do que iria acontecer, disseram sim, podemos. Mas, para erguer esse cálice, é preciso intimidade com um Cristo, que não se desfez de suas marcas, de suas feridas, de suas chagas. O Cristo celebrado, rezado, admirado, adorado é ferido, tem as marcas das dores da cruz e não se fez Ressuscitado de forma diferente disso: "Coloque seu dedo aqui, Tomé, e verá que sou, no corpo, o que você é no coração" (Padre Adroaldo Palaoro, SJ).

2. Conselhos evangélicos

É muito interessante compreender, com uma visão mais acolhedora, o que está além dos chamados Conselhos Evangélicos ou dos conhecidos Votos Religiosos de Castidade, Pobreza e Obediência, professados pelos religiosos e pelo clérigo.

> Assim os conselhos evangélicos são, primariamente, um dom da Santíssima Trindade. A vida consagrada

> é anúncio daquilo que o Pai, pelo Filho no Espírito, realiza com seu amor, sua bondade, sua beleza. De facto, "o estado religioso patenteia (...) a elevação do Reino de Deus sobre tudo o que é terreno e suas relações transcendentes; e revela aos homens a grandeza do poder de Cristo Rei e a potência infinita com que o Espírito Santo maravilhosamente atua na Igreja" (Exortação Apostólica Pós-Sinodal *Vita Consecrata*, do Santo Padre João Paulo II, n. 20).

Os votos não são o fim que a Mãe Igreja utiliza para missão de evangelizar o Reino de Deus, promovido por Jesus, mas sim o meio, um caminho para que aqueles que os professam possam estar em maior comunhão e intimidade com o Cristo. O problema é que, algumas vezes, são utilizados pela sociedade como forma de cobrar e criticar o sacerdote, limitando a vocação, que está muito além disso, ou seja, apenas em cumprimento dos conselhos evangélicos. Se, em vez de observarmos as nuances dos votos, abríssemos uma reflexão sobre os inversos desses, entenderíamos melhor a necessidade de um mundo mais fraternal e minimalista, também julgaríamos menos e reconheceríamos o preço valioso que os religiosos e sacerdotes pagam para ter viva a razão da obediência que os conselhos evangélicos obrigam, ainda mais dentro de um mundo fortemente secularizado.

> Temos de admitir que há uma cobrança excessiva da sociedade com relação às exigências desses votos, e, por outro lado, os votos não podem ser tratados apenas como um preceito formalizado para continuar dentro da vida sacerdotal, pois há o risco de perder o sentido real desses na missão do presbítero.

Dessa forma, por parte do clero, talvez vale a reflexão sobre o desafio não estar em seguir a castidade, a obediência e a pobreza, sendo essa a configuração santificadora da verdadeira face de Cristo, mas sim, na canalização de suas ausências e no valor exagerado a seus opostos, tais como sexualidade, prepotência, poder e riqueza.

Um ser humano religioso e espiritualizado reconhecerá que tem mais liberdade, vivendo os conselhos evangélicos, do que vivendo a escravidão do poder promovido pela riqueza, pela depravação sexual e pela rebeldia.

Como os votos são com frequência alvo de críticas, julgamentos e condenações por parte da sociedade, que "manuscreve" receitas poderosas para a Igreja e para os religiosos que fizeram seus votos ou suas promessas, alguns sacerdotes caem na tentação original de questionar com a sociedade.

Não cabe à comunidade superestimar nem subjugar os votos religiosos. Sendo um dom da Santíssima Trindade, dado apenas para alguns, cabe a quem não foi chamado pelo divino ter um olhar mais compassivo e compreender as várias ações e reações de um compromisso tão sério como esse.

Dentro de um cenário de muitas atividades, a pressão sobre o papel do sacerdote e a canalização equivocada contra os votos religiosos podem fazer com que o padre busque alternativas para extravasar equivocadamente suas carências afetivas, sua ausência de metas e objetivos e sua falta de liberdade. Sua luta contra as tentações é frequente, e, em situações adversas de frustração e desolação, estas podem levá-lo à dependência química, à afetividade desordenada e equivocada e à vaidade intelectual e espiritual.

Os votos religiosos são uma escolha livre e consciente. É certo que ela comporta muitas renúncias, mas a missão central de seu chamado é superior a tudo isso.

Outro ponto importante é aceitar seus desejos, suas emoções e trabalhar de forma positiva, tanto psicologicamente, quanto corporalmente, a raiz da tentação, que o faz desejar quebrar seus votos, sem que isso o leve a distúrbio. Por isso é importante a partilha com algum irmão sacerdote sobre esse desejo e sempre levantar a si mesmo essas questões, ou seja, gerir os pensamentos e as emoções.

Muitas vezes, essas aspirações são convencidas pela própria mente humana, que não vê problema em quebrar o voto uma vez, ou várias vezes, ou em canalizar seus desejos e suas emoções em outra coisa, que pode vir a ser um vício ou outras tantas obsessões. A questão está exatamente na construção dos pensamentos, que despertam os desejos e as emoções, que, por sua vez, desenvolvem ações e reações.

O Dr. Augusto Cury, em uma palestra sobre a construção dos pensamentos[2], afirmou que são os pensamentos os geradores de emoções, que levam a pessoa a agir.

> Um "eu" que não gera minimamente suas emoções não capazes é capaz de mapear seus fantasmas mentais; uma pessoa que não mapeia seus conflitos leva-os a seus túmulos... sendo escrava de seus fantasmas mentais... não tenha medo de quem você é, tenha medo de não se conhecer.

Com isso, Dr. Augusto Cury chama atenção que Jesus é a mente mais brilhante de quem já pisou nesta terra. "Nunca alguém tão grande se fez tão pequeno para estar entre os pequenos, como Jesus."

---

[2] https://www.youtube.com/watch?v=sSXhP7Sh3jI/ Como funciona o processo de construção dos pensamentos da Mente Humana, Augusto Cury.

Saber-se quem é, por meio da correta canalização das afetividades, conhecer-se nos próprios limites, aceitar-se humano com fraquezas na própria história e lembrar-se das origens faz parte do processo de autodomínio e de autoperdão e libertação de alguma culpa, surgida, em algum momento, quando a promessa foi descumprida, os votos foram quebrados ou não foram vividos.

Essa configuração com a face de Cristo, que os conselhos evangélicos promovem, lembra a forma de viver de Jesus. Não se podem assumir os conselhos evangélicos sem carregar o peso que eles se tornam ao longo dos muitos momentos de tentações. Para vencer estas, é preciso pegar a cruz e seguir Jesus (Lc 9,23). Assumir esse seguimento é viver, porque Ele vive de forma tão plena, que até em seu fim, na cruz, Ele viveu. Esta não é um peso de morte, ela é de vida e de vida em abundância. Ele se diz o Caminho, a Verdade e a Vida (Jo 14,6), então não é vida fora da cruz, é vida salvífica em toda a sua dimensão. E seus amigos sacerdotes para Ele também são vida.

3. O curador ferido

No mito de Quíron, um centauro, conhecido por ser filho de um dos deuses criado pelo deus Apolo, adquire conhecimento nas artes, na filosofia e terapia curativa, sendo reverenciado como professor. Um de seus alunos, em um acidente, atinge-o com uma flecha, que lhe feriu gravemente e causou muita dor. Talvez seja esse mito uma inspiração para um termo utilizado por Jung, "Curador Ferido", e que serviu também para Henri Nouwen (1932-1996) falar sobre o ministério na sociedade contemporânea (*O Curador Feri-*

do: ministério na sociedade contemporânea, 2020). Ambos trazem reflexões sobre aqueles que, na atual era moderna, fazem ou convivem com suas feridas, enquanto estão curando as feridas de seus irmãos ou próximos.

As perspectivas que a realidade nos traz, a partir de nosso ponto de vista e de nossa centralidade, mostram em si uma superficialidade que, de forma ilusória, coloca a nós mesmos como pontos de referência diante da problemática do outro. É uma forma perigosa curar alguém, pensando estar curando a própria ferida. Isso faz com que o ministério fique sem sentido, porque se pode criar expectativa e dependência sobre a cura do outro. Também não se pode banalizar a dor do outro, independentemente de qual seja, mesmo que o óbvio esteja escancarado. Deve-se tentar compreender o outro a partir de quem ele é, de suas lágrimas e de suas dores, sem expectativa ou mediocrização.

Cada dor tem um fundamento, que, mesmo sendo básico em seu sentido, pode ser compreendido pelo valor da história de cada ser, de cada pessoa. Dessa forma, é preciso buscar o outro como único, com respeito e empatia, assim como Deus faz com cada um de seus queridos e preferidos filhos, os sacerdotes, e com cada um de nós, seus filhos.

> Os ministros devem estar dispostos a ir além de seus papéis profissionais… e a se revelar como seres humanos com as mesmas feridas e os mesmos sofrimentos daqueles a quem eles servem. Entre outras palavras, curamos a partir de nossas próprias feridas (Henri Nouwen).

Na missão do sacerdote, talvez seja preciso inverter as prioridades e colocar como busca principal a misericórdia contínua, levando e entregando um acolhimento mais ativo, quando for atender um fiel que tem fome e sede de Deus.

Quando uma pessoa busca o padre, não busca um psicólogo, um amigo, tampouco a figura de seu pai, do marido. Quando isso acontece, ela está procurando unicamente Deus. E a ação, podemos assim chamar, cabe apenas ao ministro da ordem sacerdotal.

A experiência do outro em nós, por meio de suas misérias e seus limites, deve ser como a experiência de nós em Cristo, por meio de nossas misérias e nossos limites.

O mundo contemporâneo nos apresenta muitas informações, e, como consequência disso, o ser humano vai criando várias identidades de acordo com os muitos desejos propostos. Assim, vai acumulando equivocadas maneiras de agir e ser, perdendo-se daqueles valores construídos ao longo de sua própria história, e um novo caráter vai se moldando de acordo com a sociedade, que invoca o "deus do sucesso", que traz a falsa ilusão de vitória. Ainda que afrontar os próprios valores e a própria essência seja algo desastroso para quem se encanta com o sucesso, há uma constante ação do homem para demonstrar suas conquistas, sua posição, seu status, sua coragem e determinação. O problema é que, com tudo isso, vêm as cobranças do mundo pós-moderno, que sufocam, acompanhadas das fraquezas, do cansaço, dos limites, das misérias e das feridas abertas. Com o tempo, ao disfarçar as próprias feridas, o presbítero corre o risco de se esconder, não evoluir o suficiente, para alcançar o âmago de sua vocação, não se sentir pertencente a esse propósito nem mesmo a sua própria humanidade.

O fato é que, muitas vezes, invertemos nosso papel diante de nossas próprias dores, que nos pertencem. Devemos sempre afirmar e reafirmar que nós não pertencemos a nossas feridas, porque não somos compostos apenas de dores e sofrimentos, como também não somos elaborados apenas de vitórias. O ser humano, em toda a sua capacidade de aprender com dores e feridas, batalhas e vitórias, não pode ser vítima de qualquer circunstância que o circunda.

No dia 23 de julho de 2021, em um encontro entre os jesuítas e o cardeal Dom Tolentino, por meio de uma videoconferência, Dom José Tolentino relatou que as pessoas no mundo moderno "não sofrem com uma crise de fé; sofrem com a crise de pertencimento".

É verdade que a humanidade está sempre em busca de algum grupo, seja ideológico, seja de coisas afins para se pertencer. Em toda dimensão da vida, busca pertencer a uma família, a um trabalho, a uma pessoa, deseja criar vínculo, porém a fragilidade dos vínculos faz com que tenha crises pessoais, porque não sabe ou não consegue se vincular. E, não podemos negar, essa crise de pertencimento está nas esferas da Igreja, junto aos religiosos, que não se sentem pertencentes a sua congregação, a sua diocese, porque confundem seu papel com a identidade de seu líder. Porém não é o líder que deve dar essa característica de pertencimento, mas sim o carisma que há na missão exigida pela vocação religiosa.

A partir dessa ideia do pertencimento, o sacerdote busca então seu verdadeiro pertencimento a Deus, à Palavra de Deus, a Jesus Cristo, assumindo suas feridas, tendo a coragem de agradecer a elas e a suas crises internas e aprendendo diante de suas dores.

O sacerdote conscientemente de quem é e de suas feridas, sendo pertencente ao Mestre Jesus, abre-se para a ação totalitária do Espírito Santo e, assim, tem a coragem de agir, buscar ajuda, sair à procura de quem necessita de cura, de se pertencer às feridas do Cristo e, por fim, de ensinar a muitos sobre a alegria que é pertencer somente ao Senhor Jesus Cristo e a seu honroso chamado.

> "Estou contigo, e te guardarei aonde quer que vás, e te reconduzirei a esta terra. Nunca te abandonarei, até cumprir o que te prometi" (Gn 28,15). Nessa passagem, Jacó se encontra pela primeira vez com seu inconsciente. Ele sente que existem mais coisas do que debater a razão ao longo da vida. No fundo de seu coração, Deus lhe fala e o abençoa. Tal experiência do Deus, que abençoa, é o primeiro passo no caminho de transformação de Jacó. Agora, ele reconhece que nem tudo depende dele, de sua vontade e de sua astúcia. O sucesso na vida depende da bênção de Deus. Se ele se entregar à vontade de Deus, então encontrará seu caminho (Anselm Grün).

3

VENCER O MEDO E AS INSEGURANÇAS

1. Autoestima x ego

Zygmunt Bauman (1925-2017) define que estamos em uma sociedade pós-moderna, em que há a liquidez do amor ao próximo[3], isto é, o desejo de as pessoas vivenciarem o afeto, sem compromisso, sem a imposição de alcançar a realização plena dessa procura intensa. As pessoas acabam conseguindo apoio apenas em uma sensação potencial de eterno recomeço[4]. O que Bauman chama de relações líquidas, nesta cultura do descarte, podemos assemelhar com relações sucateadas, com um alto nível de depreciação, em que todos agem de acordo com suas necessidades e seu prazer pessoal. Infelizmente, a maldade deste mundo competitivo e exigente entrou pelas frinchas da Santa Mãe Igreja, que ainda, por sorte da Graça, às vezes, consegue proteger seus filhos.

---

[3] Segundo o autor, as relações estão caracterizadas pela falta de solidez, calidez e por uma tendência a serem cada vez mais fugazes, superficiais, etéreas e com menor compromisso. Ainda que o conceito costume ser usado para as relações baseadas no amor romântico, Bauman também desenvolve o conceito para falar em geral da liquidez do amor ao próximo. Fonte: https://pt.wikipedia.org/wiki/Amor_liquido

[4] Cf. https://super.abril.com.br/cultura/zygmunt-bauman-pensamentos-profundos-num-mundo-liquido

Apesar dessa realidade pouco religiosa, os sacerdotes continuam sendo provocados a serem exemplo; o que de fato é necessário para refletir o seguimento de Jesus. Quando ouvimos o papa Francisco tentar promover uma Igreja em saída, levando-a para as margens desse universo, percebemos também a necessidade de enfrentar e lutar com o mundo que está dentro da Igreja, da mesma maneira que ele fez com a Igreja por meio do secularismo.

Nota-se que os desafios dos sacerdotes de hoje são bem diferentes daqueles de 50 anos atrás. Hoje, precisam ser exemplo, criativos, comunicadores, sair em busca do povo, sem a mesma autoridade que havia no passado. As preocupações do ofício, os obstáculos atuais, as exigências, o excesso de atividade e mais algumas nuances do tempo contemporâneo, que, muitas vezes, assolam o desenvolvimento de qualquer pessoa, transformaram a vida do clero, gerando medo e insegurança sem precedência: medo da comparação, da não aceitação, das críticas, do não reconhecimento, da rejeição, da desaprovação eclesial e social; medo de perder a fé.

Para enfrentar tudo isso, existem duas práticas necessárias, que precisam tornar-se rotina:

- Desenvolvimento de alta e estável autoestima;
- A prática da essencialidade filial.

O Desenvolvimento de autoestima precisa ser associado ao bem-estar. Também se faz necessário extirpar, totalmente, o narcisismo e egocentrismo que atrapalham o desenvolvimento pessoal do vocacionado. A igreja não pode ser local para treinar o desejo de poder.

O *Transtorno de Personalidade Narcisista* pode ser um fator prejudicial para um desenvolvimento de uma estável autoestima e facilmente confundido com ela. Nele o sacerdote poderá sofrer com críticas e rejeições e se isolar de relações necessárias para seu desenvolvimento humano.

Alguns dos principais sintomas do *Transtorno de Personalidade Narcisista* são:

- Ter um senso exagerado de autoimportância e falta de empatia;
- Exigir admiração constante e excessiva;
- Esperar ser reconhecido como superior, mesmo sem conquistas que garantam isso;
- Exagerar em suas conquistas e seus talentos;
- Menosprezar as pessoas percebidas como inferiores;
- Esperar favores especiais e cumprimento inquestionável de suas expectativas;
- Aproveitar os outros para conseguir o que se quer;
- Apresentar uma incapacidade ou falta de vontade para reconhecer as necessidades e os sentimentos dos outros;
- Ter inveja dos outros e acreditar que estes o invejam;
- Comportar-se de maneira vaidosa e pretensiosa.

As pessoas que sofrem com o *Transtorno de Personalidade Narcisista* são infelizes, porque nunca estão satisfeitas com os elogios recebidos, são desejosas de os receber cada vez mais e ficam tristes e aborrecidas com as críticas que, muitas vezes, podem ser construtivas.

Alguns sacerdotes colocam sua vocação em risco, exatamente por sofrerem do *Transtorno de Personalidade Narcisista* e, assim, não limitarem seu senso de autoimportância e se acharem insubstituíveis. Apesar de muitas virtudes, a ausência do autoconhecimento pode fazê-los escravos de um único defeito. E nesse caso é importante a ajuda de um profissional que os ensinará a desenvolver uma visão real sobre si. A prática do autoconhecimento traz benefícios às pessoas, pois as ajuda a reconhecerem suas qualidades, a desenvolverem melhor autoestima, trazendo mais segurança e coragem para o enfrentamento que a vida exige. Impossível ter maturidade sem autoconhecimento.

Compreenda seu próprio nível de autoconhecimento, com reflexões sobre suas ações e sua personalidade: Como se sente sobre quem é você? Você tem escapado de sua realidade? Fala sempre a verdade? Acredita no que fala sobre você? Como acha que é visto pelos outros? Você procrastina suas atividades?

É importante se ver originalmente capacitado, feliz com os próprios talentos, colocando cada um deles a serviço das pessoas e da Igreja, e saber-se digno dos desafios propostos no serviço diário.

A pessoa com alta autoestima não tem receio de elogiar, pratica a gratidão diariamente, é empática, não desenvolve qualquer dependência emocional, vê-se feliz em adquirir novos conhecimentos, não se sente humilhada diante de situações que não a favoreça, consegue se autoavaliar sem um sentimento de vaidade nem de humilhação, as críticas não abalam seu estado emocional, não enxerga necessidade de mentir para justificar alguma atitude.

E uma alto e estável autoestima pode solidificar-se a partir de perguntas sobre as razões de cada sentimento. Por exemplo, em uma situação em que se percebe incomodado com uma crítica de outra pessoa, pergunte-se: por que isso me incomodou tanto? Qual a verdade na fala dessa pessoa?

Outro ponto importante para um convívio salutar dentro do clero é nunca se sentir menor do que outros, porque há talentos diferentes. É preciso valorizar-se descobrindo novos talentos em si, uma das melhores descobertas que alguém pode fazer; é como escavar um terreno com a certeza de que vai encontrar um tesouro escondido. Desenvolva amor por sua vida, desenvolva amor por quem é.

Quando uma pessoa desenvolve seu amor-próprio, de acordo com a realidade, tem sempre a sua disposição relacionamentos saudáveis, bem-estar psicológico e, concomitantemente, sabe cortar as relações negativas e os comportamentos nocivos. E é dessa forma que alguém se relaciona com Deus, porque sabe viver feliz consigo, a partir da própria essência que advém do Senhor. Sua condição filial coloca o Pai Eterno como centro de toda a vida e de todos os sentimentos.

Na consciência de que Deus está sempre próximo de seus filhos e de que Ele deseja a graça da vida plena, é possível se relacionar com o mundo a partir de quem se é, aceitando-se e se amando, tendo como medida sua dignidade divina, porque sua essência, ofertada por Deus, tem grande importância para Ele.

Sendo Deus a meta principal na vida de um sacerdote, pode haver qualquer espinho na carne, qualquer crítica, qualquer decepção, pois, ao fim de todos os dias, Deus falará: "Minha graça te basta". A Graça de Deus em tudo supera.

2. Além da vocação

As várias atividades exercidas pelos sacerdotes dão a eles o encargo de terem seu tempo praticamente consumido. Conseguem uma folga, quando há, durante a semana, e uma agenda lotada no fim de semana. Toda essa carga de tarefas pesa em seus ombros, fazendo com que haja estresse, que tem por consequência uma estafa somatizada pelos excessos inerentes a seu trabalho. No livro escrito pela Dra. Luciana Campos, intitulado *A Dor Invisível dos Presbíteros*, há um capítulo chamado *Possíveis Caminhos*, com várias dicas e vários conselhos sobre o que um presbítero pode fazer para socorrer sua saúde física, mental.

Entre tantos caminhos, o desenvolvimento de um hobby, como forma de lazer, é uma das formas de evitar vícios desenvolvidos nas folgas, cansaço mental, desmotivação emocional, entre outros pontos.

Abraham H. Maslow (1908-1970), em sua Teoria da Hierarquia das Necessidades Humanas, por meio da representatividade de uma Pirâmide, segrega as necessidades humanas em cinco motivações, que começam pelas necessidades fisiológicas, que suprem a sobrevivência, chamadas de básicas; passam para a busca de segurança e de relacionamento, que trata da realização com a necessidade humana; e termina com a busca da estima pessoal.

Pirâmide das Necessidades - Maslow

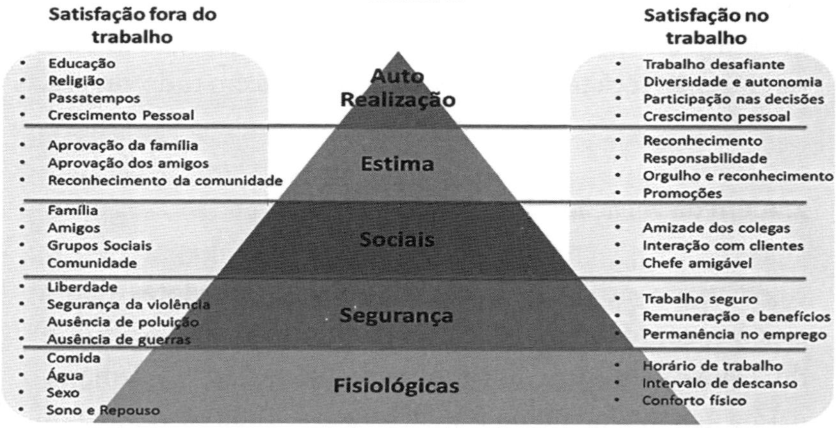

Fonte: https://www.psicologia.pt/artigos/motivacao-uma-necessidade-intrinseca--do-ser-humano

Quando tratamos das motivações da autorrealização dos sacerdotes dentro das necessidades de Maslow na ponta da Pirâmide, encontramos como satisfação fora do trabalho os passatempos; dentro da satisfação no trabalho podemos incluir como prioridade ao profissional do sagrado o próprio crescimento pessoal.

Ao desenvolver um trabalho específico com os talentos dos jovens, em uma paróquia em São Paulo, o pároco na época me disse que, se deixasse de ser padre, não saberia o que fazer. Revelou também que gostava de cozinhar para os amigos. A satisfação de recebê-los é diferente da satisfação de cozinhar. E desenvolver o talento de cozinhar como hobby, nesse caso, não pode se transformar, com o passar do tempo, em uma segunda via profissional. É importante e saudável ter um hobby. Quando um profissional de qualquer área procura seu próprio bem-estar, ele está desenvolvendo uma melhor vida com qualidade emocional, mental e física.

Segue algumas dicas para o desenvolvimento de um hobby:

– Organize cada momento de seu dia de folga em três níveis de tempo:

a) Importantes. b) Urgentes. c) Circunstanciais.

– Pense nos talentos de criança que envolviam a arte (desenho, pintura, fotografia, artes cênicas, escrita, restauração).

– Faça planejamento de viagens para o tempo de férias, gaste tempo no plano, pensando desde o custo até o que deseja fazer.

– Procure cursos fora das atividades sacerdotais (fotografia, culinária, restauração de imagens, barista, enólogo, fromager etc.)

– Evite desenvolvimento de hobbys com bebidas alcoólicas, caso tenha alguém da família com problemas com o álcool e vício.

– Desenvolva hábitos saudáveis: atividade física, reeducação alimentar, meditação, práticas de relacionamento saudáveis e prolongados.

Um novo hobby, em combinação com hábitos saudáveis, está intimamente relacionado com pessoas de autoestima elevada que, mesmo em um mundo conturbado, cheio de informações e tão polarizado, sentem-se realizadas com a vida.

A vida plena pode começar com mudanças de forma simples, com pequenas ações e, a cada dia, com uma pequena evolução, que no todo trará grandes conquistas para a autorrealização.

Os dias quando começam com as coisas arrumadas exterior e interiormente (com atitude de gratidão, fé, bom humor) tendem a terminarem de forma positiva.

Nós sabemos que o trabalho de evangelização é grande, exigente, cansativo, mas é preciso um tempo fora para o lazer e um tempo dentro de si para conseguir forças para continuar.

Não são poucos os momentos em que Jesus estava próximo de uma refeição, reunido com pessoas; ainda assim não deixava de ser o Filho de Deus e estava sempre pronto para perdoar e salvar (Lc 7,47-50), para ensinar e acolher (Lc 10,38-42). Isso significa que estar fora dos ambientes religiosos não era algo incomum para Jesus, por isso para seus amigos sacerdotes não será objeto de desqualificação vocacional.

Ao observar o modo de vida de Cristo, quando nos deparamos com o Evangelho segundo São Marcos 1,29-35, notamos que Ele é o Homem do tempo, que se organiza para rezar, para estar com os amigos, para pregar, para propagar o Reino de Deus e para curar. O Deus-Homem se cuida para cuidar.

3. O chamado dentro do chamado

Os desdobramentos das várias atividades dos sacerdotes podem, muitas vezes, paralisar sua missão maior. Para elucidar o que é essa missão, vale iniciar com uma referência à Espiritualidade Inaciana, em que Santo Inácio de Loyola formulou o que chamou de Princípio e Fundamento de todo ser humano: "O homem é criado para louvar, reverenciar e servir a Deus Nosso Senhor" (Exercícios Espirituais 23). Isso é uma resposta ao anseio maior de todo ser humano: saber qual é o sentido da vida. Há também uma segunda pergunta para quem está praticando esses exercícios espirituais: como colocá-lo em prática?

Algumas vezes, no exercício do discernimento espiritual, a pessoa também é convidada a elaborar, com base no que Santo Inácio deixou, seu próprio "Princípio e Fundamento" e depois buscar uma resposta para a pergunta: COMO? Essa prática traz lucidez e compreensão quanto ao cerne de qualquer missão que ela possa ter.

Vamos dizer que para Santo Inácio a pessoa tem como missão maior a ação de louvar, reverenciar e servir a Deus exercê-la na vocação, seja sacerdotal, religiosa (como irmão ou irmã), matrimonial, consagrado(a) ou naquela sobre a qual hoje temos mais lucidez: a vocação de ser solteiro(a) na vida de leigo(a) da Igreja.

O que é preciso para encontrar o sentido da vida? Essa é a resposta desejada por todo ser humano, até mesmo por quem sente um vazio enorme e tem medo da resposta que encontrará para si mesmo. Certa vez eu estava em dúvida sobre minha vocação. Conversando com um bispo de uma determinada Diocese, ele me disse que Deus desejava que eu fosse feliz, independentemente de minha vocação; casada, religiosa ou consagrada, Deus desejava minha felicidade. Essa resposta, na época, foi pouca para quem buscava muito, porém, com o passar do tempo, fui experimentando exatamente que, todas as vezes que eu não estava feliz, estava vivendo longe do projeto de Deus para minha vida, ou seja, Deus queria, e quer, minha felicidade.

Essa felicidade referida não é aquela que o mundo oferta, cheia de conquistas, sucesso, mas sim a paz e a serenidade. Também não se trata de qualquer paz e serenidade, porque a paz, que vem de Deus, não é de nós retirada por qualquer coisa. Ela existe até naquele momento em que o corpo não está preparado. Porque o espírito está (Mt 26,42), passamos pelo sofrimento.

O jesuíta padre Luís Gonzales Quevedo, em seu livro "Um Sentido para a Vida – Princípio e Fundamento", recorda um exemplo sobre o que significa isto para quem segue a espiritualidade de Santo Inácio de Loyola:

> Em uma época em que o mundo era imenso, as distâncias quase insuperáveis [e] os povos viviam em guerra, Francisco [Xavier] achou que devia considerá-lo uma aldeia global. Supera seus medos porque está consciente de que sua vida tem um sentido (p. 17).

Para o Psicanalista Viktor Frankl (1905-1997) a pessoa precisa encontrar o sentido da vida, ter um PORQUÊ. Como diz o filósofo alemão, citado por Frankl, Friedrich Nietzsche

(1844-1900): *"Aquele que* ***tem um PORQUÊ*** *para viver, pode suportar quase qualquer* ***COMO****"*.

Frankl, em seu livro "Em Busca de Sentido", diz no prefácio da edição de 1984:

> Não procurem o sucesso. Quanto mais o procurarem e o transformarem em um alvo, mais vocês vão errar. Porque o sucesso, como a felicidade, não pode ser perseguido; ele deve acontecer e só tem lugar como efeito colateral de uma dedicação pessoal a uma causa maior que a pessoa, ou como subproduto da rendição pessoal a outro ser.

Procurar o próprio "princípio e fundamento" ou um propósito de vida, ou um porquê, ou uma missão eletiva é a via principal que levará todos a outros caminhos que deverão ser percorridos ao longo de sua vida.

Quando, no meio de muitas atividades, o sacerdote sente-se cansado, exaurido, sem ânimo em relação a todas as tarefas, precisa buscar aquelas com que tem menos afinidade e tentar delegá-las, se possível, para alguém; isso poderá ser o começo de uma revitalização. Sua responsabilidade não irá mudar, apenas descentralizará aquilo que não lhe parece importante ou que o desagrada.

Outro fator desgastante são as chamadas "picuinhas". O povo fiel, muitas vezes, age com rivalidade, fofoca, briguinhas, ciúmes, e tudo isso, além de ser enfadonho, é vergonhoso. Assim o sacerdote tem total direito de não aceitar esse tipo de diálogo, pois as "conversas inúteis", além de queimarem a energia, também gastam o tempo, que precisa ser bem administrado. Por isso pense, reflita, procure eliminar aquilo que absorve seu talento e busque, em seu interior, sua missão dentro de sua vocação. Santa Madre Teresa de Calcutá descobriu que cuidar dos pobres era seu chamado, dentro de sua vocação.

A voz do Pai pode ser ouvida de várias formas, e reconhecer que Ele tem algo maior é de fato acreditar em um Deus que crê em nós, tem fé em nossa liberdade e em nosso discernimento em amar.

Busque, neste momento de sua vida, sua principal essência, desvincule-se dos elogios que possa receber, faça tudo como se estivesse fazendo para Deus, como se Ele próprio chegasse para receber algo de suas mãos. Entenda cada uma daquelas qualidades que possui desde a mais tenra infância e a que desenvolveu ao longo do tempo. Pense no que faz com alegria, sem que alguém perceba. Ao buscar sua missão, pense no legado que pretende deixar. Reflita sobre sua contribuição ao mundo, à igreja, às pessoas que o conhecem e às que não o conhecem. Faça uma revisão de suas qualidades e conquiste algo todos os dias, com suas características mais positivas. Não precisa ser nada grande. Basta haver pequenas conquistas. Reviva-as diariamente e se relacione com elas, mostrando a Deus o que está fazendo com os dons que Ele lhe deu. Dessas conquistas, aquela que, ao apresentar para Deus, sentir seu coração aquecer, é com certeza sua missão. Será aquela que fará, muitas vezes, sem se cansar. Pode ser algo simples; nunca subestime cada desejo de Deus para você. Veja que parte do amor, que nasceu com você, foi feita para amar o que faz no serviço a Deus.

O amor de Jesus pelo Reino dos Céus nos mostra que este é o próprio Cristo.

> Então, o Reino dos Céus... será também como um homem que, tendo de viajar, reuniu seus servos e

> lhes confiou seus bens. A um deu cinco talentos; a outro, dois; e a outro, um, segundo a capacidade de cada um. Depois partiu. Logo em seguida, o que recebeu cinco talentos negociou com eles; fê-los produzir e ganhou outros cinco. Do mesmo modo, o que recebeu dois, ganhou outros dois. Mas o que recebeu apenas um foi cavar a terra e escondeu o dinheiro de seu senhor. Muito tempo depois, o senhor daqueles servos voltou e pediu-lhes contas. O que recebeu cinco talentos aproximou-se e apresentou outros cinco: "Senhor" – disse-lhe –, "confiaste-me cinco talentos; eis aqui outros cinco que ganhei". Disse-lhe seu senhor: "Muito bem, servo bom e fiel; já que foste fiel no pouco, eu te confiarei muito. Vem regozijar-te com teu senhor" (Mt 25,14-21).

Essa parábola é a que mais pode ser associada ao serviço dentro da Igreja. De tudo o que é feito por um sacerdote, o mais importante é poder ouvir, como recompensa, a voz do Senhor:

> Muito bem, servo bom e fiel! Você foi fiel no pouco, eu o porei sobre o muito. Venha e participe da **ALEGRIA** de seu Senhor! (Mt 25,21).

Alguns relativistas vão dizer "Mas o céu é para todos", e eu, que não faço parte de nenhum tribunal, posso até concordar, mas a sensação de céu aqui é para poucos.

4

O desenvolvimento pastoral do sacerdote

1. Rogai ao Senhor da messe

Os sacerdotes, como dito algumas vezes neste livro, acumulam uma série de funções e tarefas, para as quais, muitas vezes, não há preparo emocional e conhecimento, principalmente no que diz respeito à parte administrativa e financeira. Há um cuidado, pelo menos em algumas Dioceses, de deixar um padre recém-ordenado com outro mais experiente. Para isso acontecer depende do momento pelo qual a Diocese está passando, pois, havendo setores paroquiais necessitando com urgência de um sacerdote, ele será para lá enviado de forma imediata. Vale ressaltar que o tempo de preparação para um seminarista, ou um religioso, até sua ordenação é longo, de no mínimo 8 anos. Durante esse tempo, é enviado para paróquias ou para o local de ação do carisma de sua ordem ou congregação. Isso é muito válido para o desenvolvimento dos futuros sacerdotes, mas a experiência, às vezes, limita-se apenas a fins de semana, feriados prolongados e férias universitárias. Dessa forma, o seminarista não cria vínculo com o trabalho desenvolvido e só consegue ter a correta dimensão dele quando se encontra totalmente responsável pelo serviço pastoral/paroquial. Para que aconteça um amadurecimento do povo na fé, são precisos mais pastores, e não só gestores paroquiais/pastorais. Também seria interessante, ao longo dos anos de preparação, haver uma participação mais ativa desses jovens, a fim de não viverem apenas a doce e inocente ilusão, oferecida pelos paramentos sacerdotais. Ademais os jovens seminaristas, quando passam muito tempo juntos, criam vícios que podem prejudicar severamente seu comportamento humano quando forem ordenados sacerdotes ou ao longo de sua vida.

Há algum tempo, um jovem e belo sacerdote, com curto tempo de vida sacerdotal, cujo currículo era recheado de desafios e responsabilidades no setor diocesano em que atuava, atentou contra sua vida. Em qual momento esse jovem padre perdeu o encanto pela missão para a qual se preparou por anos? Seria o excesso de trabalho? Seria a solidão ou desilusão? O que o fez perder a motivação pela vida, que vai além da motivação vocacional? Seria mais salvífico se a mídia procurasse padres com os modelos sacerdotais de São Pio de Pieltrecina (Padre Pio) ou Beato Padre Donizetti (Padre Donizetti), em vez de buscar apenas padres que caem publicamente em suas tentações, ou que movem multidões para o entretenimento. Vale uma observação: não há problema nos padres midiáticos, o que há é excesso de imagem, por vezes, sexualizada, que não evangeliza.

Há muitas histórias de sacerdotes que, desde quando eram seminaristas, sonhavam em ter seus talentos com as artes descobertos pela mídia. Ou seja, houve uma abertura para sua própria centralização, deixando o Cristo de lado na missão de serem presbíteros. Nesse caso, o padre ficou conhecido, porém com o tempo não foi mais chamado para os canais de televisão, e o bispo teve de dar uma solução para que não se deprimisse. O tempo é o senhor dos desenganos, das desilusões e implacável quando alguém não sonha com projeto principal de Jesus dentro da realidade sacerdotal. A vida cobra muito caro de quem se autocentraliza.

> Depois disso, designou o Senhor ainda setenta e dois outros discípulos e mandou-os, dois a dois, adiante de si, por todas as cidades e todos os lugares para onde ele tinha de ir. Disse-lhes: "GRANDE É A MESSE, MAS POUCOS SÃO OS OPERÁRIOS. ROGAI AO SENHOR DA MESSE QUE MANDE OPERÁRIOS PARA SUA MESSE" (Lc 10,1-2).

Vale uma atenção especial para esse trecho, pois os trabalhadores para a messe são poucos ainda nos tempos atuais. A cada dia, encontramos pessoas menos interessadas em assumir compromisso e responsabilidade junto a suas comunidades paroquiais. E um dos desafios do sacerdote é encontrar leigos dispostos a trabalharem com amor, devoção, dedicação e centralizarem suas missões no Senhor da messe. Como?

Jesus Cristo é um apaixonado pelo projeto do Reino de Deus, o qual deixa claro que está próximo. Para que o trabalho pastoral e paroquial tenha sentido, é preciso que todos que trabalham na messe tenham no coração essa mesma paixão, inclusive o sacerdote.

No Evangelho segundo São Lucas, a expressão Reino de Deus aparece 32 vezes. Ele a coloca ora para dizer que está próximo, ora para explicar como ele é, ora para dizer a importância de seu anúncio, conforme nas orientações, do versículo 9, de como irão proceder os 72 discípulos enquanto anunciam a Boa-Nova. Tendo consciência de que é preciso formar pessoas apaixonadas pelo mesmo projeto de Jesus

Cristo, é preciso compreender que o Senhor da messe, Deus Pai, fez todo o trabalho. Messe significa colheita, e sabemos que há, antes dela, as várias etapas essenciais do plantio: preparo da terra, preparo da semente, plantação, adubação, irrigação etc.; depois segue o ciclo do processo de plantio, produção até a etapa da colheita. Se os trabalhadores do Reino são chamados apenas para a colheita, então podemos afirmar que tudo o que a precede é feito por Deus. E, se tudo é feito por Ele, a quem vai colher basta a total confiança no que Ele faz.

> Não dizeis vós que ainda há quatro meses e vem a colheita? Eis que vos digo: levantai vossos olhos e vede os campos, porque já estão brancos para a colheita. O que colhe recebe o salário e tira fruto para a vida eterna; de sorte que o semeador compartilha da alegria de quem colhe (Jo 4,35-36).

É imperativo que as equipes pastorais criem o feliz hábito de rogar a Deus, em comunidade ou sozinhas, e proponham ações devocionais, dentro do cotidiano paroquial, com a participação direta de seu sacerdote, pois este participa diretamente da história de Deus na Salvação do homem. A Santa Mãe Igreja tem muitas formas de orações comunitárias, como as Oficinas de Oração e Vida, criadas pelo Frei Ignacio Larrañaga; os Exercícios Espirituais de Santo Inácio de Loyola; a Liturgia das Horas etc., que podem ser adotadas na esfera paroquial. A oração é a maneira mais fácil de aproximação com Deus e de reconhecer qual é sua vontade. Estamos sempre a uma oração de distância de Nosso Senhor, a qual é o momento mais íntimo que uma pessoa possa ter com Deus, que é Pai. Ela nos descentraliza para deixar Deus agir.

Dentro de qualquer ação a serviço do Reino, o protagonista sempre é o Espírito Santo, e há duas formas de impedir sua ação: não orar e centralizar-se, tomando sua frente.

2. Formação, informação, comunicação e missão

Um grande sonho deixado nos documentos do Concílio do Vaticano II são os processos Sinodais, muito defendidos e convocados pelo papa Francisco. O que é Sínodo? Palavra de origem grega, cujo significado é "Caminhar juntos". É uma reunião convocada por alguma autoridade da Igreja, que consiste em discutir sobre um determinado assunto, podendo ter como resultado novas ações da Santa Igreja ou, até mesmo, da Igreja Diocesana.

Esse movimento, convocado pelo papa Francisco, digamos que até com certa frequência em seu papado, chama-nos atenção para os rumos de uma Igreja conciliar, que nos provoca a agir em unidade com o Povo de Deus. O Povo é de Deus, a Igreja é de Cristo, e o Amor inspira a ação santificadora e salvífica para uma perfeita comunhão entre o Povo e a Igreja.

Deus é Deus, e não há forma mais real de conhecê-lo se não for por meio da história humana, por meio de sua manifestação ao Povo. Assim a Igreja de Cristo é o lugar onde o povo e Deus manifestam-se mutuamente, um para o outro. Ela não é local para empoderar alguém, mas uma via para que alguém se sinta amado por Deus. Ele deseja se conhecer por meio daqueles que servem sua Casa, incluindo os religiosos ordenados, consagrados e os leigos, porque todos são chamados a participar do Sacerdócio de Cristo.

Com um pontificado tão dinâmico, papa Francisco deixará como legado o anseio de renovação, exatamente nesta comunhão entre o Povo, a Igreja e Deus. Dessa forma, muitas coisas precisarão seguir o modelo proposto por ele, que está fortemente ligado ao Concílio do Vaticano II, para que as paróquias não se sintam comunidades excluídas da Santa Mãe Igreja. Um membro do corpo só é membro quando está unido a esse Corpo. O Santo Padre, como pedagogo nato, tem sua forma própria e perceptível de conduzir o leme de São Pedro e de se comunicar. Assim é possível desenhar um caminho para uma atuação mais cristã por parte de toda a comunidade paroquial e pastoral.

- **Formação:** investir tempo em formação pastoral e paroquial. Um padre muito dinâmico que conheço faz formação de suas pastorais de forma muito intensa, e é perceptível os frutos que estão amadurecendo para serem colhidos. As formações podem trazer positivas mudanças de comportamento, em especial pelas comunidades marcadas com fofocas e maledicências, competitividade, ciúmes, inveja e tudo aquilo que pode destruir o trabalho de Deus em nós. Nela, alguns pontos podem ser tratados:
    - Espiritualidade – desenvolver o campo da espiritualidade de suas pastorais e da comunidade, por meio de um relacionamento sincero e íntimo com Jesus.
    - Conhecimento – desenvolver o senso de corresponsabilidade no todo, pelo íntegro funcionamento da paróquia, e a compreensão dos papéis das pessoas dentro de suas pastorais, sempre respeitando a subjetividade de cada um; promover encontros entre pastorais para que possam conhecer as atividades de cada uma, sem julgar e

fomentar que uma pastoral tem mais importância que a outra, pois desprezar ou dar menos importância para uma pastoral ou um movimento é banalizar a ação criativa de Deus.

- Vida de Santos – desenvolver o conhecimento dos santos, amigos que facilitam o caminho do fiel para um encontro pessoal com Deus e com sua alegre vontade.
- Caridade – desenvolver devoção à caridade. A Igreja não é lugar para ideologia, mas para assumir, de forma concreta, o projeto sobre o Reino de Deus, tão amado por Jesus. É preciso fazer opções e renunciar aquilo que afasta todo fiel de assumir seu verdadeiro papel como cristão caridoso e piedoso.

- **Informação:** a divulgação das diretrizes de uma paróquia só tem sentido se estiver em profunda comunhão com sua Diocese e com a Santa Igreja. Uma síntese desses documentos torna a Paróquia conhecedora de seus passos junto à Igreja do Vaticano. Também é importante mostrar as contas, os balancetes, as despesas, as receitas, pois, ao deixar claro como funciona a parte financeira da paróquia, evitam-se comentários negativos.
- **Comunicação:** a comunicação entre as pessoas da paróquia e seu sacerdote precisa ser clara, objetiva, com acolhimento subjetivo. Se necessário for, invista no desenvolvimento de comunicações positivas e assertivas por parte do sacerdote e do fiel, pois o diálogo sincero e aberto é a base para que qualquer relação dê certo, trazendo harmonia, mesmo quando não há concordância de todos os lados. Importante utilizar

da comunicação para repreender e denunciar os abusos das mídias sobre a falta de fraternidade e caridade. O Povo de Deus aguarda de seus padres uma comunicação paternal e amorosa. E o desenvolvimento de uma identidade de pertença, no fiel, tem como preceito uma comunicação empática. Ao se comunicar com uma assembleia, é importante saber a quem está comunicando. Não adianta chegar para o povo com vários títulos, se ele não tiver conhecimento do que se trata aquela fala.

- **Missão:** promover e coordenar ações missionárias em territórios paroquiais e pastorais, até mesmo em institutos religiosos e de vidas consagradas; centralizar ações conjuntas na comunidade por meio de evangelização e celebrações de vida, buscando novas lideranças, novos carismas, novos dons. Uma forma interessante de promover as missões é buscar o auxílio dos padres redentoristas, que têm por carisma facilitar esses momentos com encontros tão ricos nas paróquias[5].

3. O Reino de Deus não é uma promessa, é uma realidade

O Amor pelo Reino de Deus, ou Reino dos Céus, é o que Jesus mais proclama ao longo dos Evangelhos. E esse amor é um convite para praticarmos a fé, esperança e caridade.

Toda a vida missionária, profética, pública de Cristo está ligada ao anúncio de um Reino que não é utópico, é concreto. Com Cristo tudo deixou de ser uma promessa

[5] www.a12.com/redentoristas/missoes

e tornou-se uma realidade. A mística do Reino acontece dentro e fora de cada um de nós, acontece no tempo e distante do tempo, porque o Reino em Cristo é onipresente. Porém nossas comunidades paroquiais, pastorais e religiosas, muitas vezes, não têm o conhecimento pleno deste Projeto do Mestre chamado Reino de Deus. Este ainda hoje pode ser vivido por meio da experiência efetiva do Amor de Deus e de maneira tal que perpetue em nosso coração, para que o trabalho comunitário seja, de fato, algo que produza sentido a todos.

O desenvolvimento de um convívio fraternal dentro da Igreja é a marca da alegria e da felicidade proposta por Cristo em seu Projeto de Vida, e isso faz com que um sacerdote encontre a paz, até mesmo diante do sofrimento comum deste mundo. A Pedra Mestra deve ser Jesus, acima de qualquer coisa; nossos olhos precisam estar voltados para Ele (com Cristo, por Cristo e em Cristo), que é nosso centro, nosso tudo; é para Ele, que nos ensinou a servir, todo o serviço.

Quando temos nosso ser voltado para Cristo, o ativismo, o populismo, o egocentrismo, o antagonismo, o individualismo e tudo o mais que provoca divisão dentro da Igreja deixam de ter potência, perdem a força, porque passamos a esperar a inspiração do Santo Espírito de Deus para movermos na direção certa, afinal: "queremos ser felizes ou ter razão?"

A felicidade dentro de uma comunidade não se move pelo desejo de querer ser dono da verdade, mas por meio de uma verdade humanizadora, que faz todos crescerem para a mesma direção, olharem para o mesmo lado. Isso vai muito mais além das afinidades que encontramos dentro dela. A Igreja é a força criativa de Deus, é um corpo, que, quando falta qualquer um de seus membros, se torna incompleto e, quando se une por completo, passa a ser reconhecida como parte do Amor de Deus neste mundo. Para vivermos Jesus, que é o fundamento de toda a nossa vida em fé, é essencial o conhecimento e a prática da Palavra de Deus.

Claro que o esclarecimento sobre a Palavra de Deus se dá de diversas maneiras, mas o entendimento é uma experiência única e intransferível. Por isso recuperar a intimidade com a Palavra de Deus, principalmente no que concerne à vida pública de Jesus nos Evangelhos, é muito importante. O Povo de Deus conhecerá o Novo Testamento pelas portas do coração.

É fundamental que o Verbo se torne carne em nosso coração, a partir da escuta da Palavra de Deus; só assim todo o Povo de Deus irá se dirigir para a Igreja como quem vai para a Galileia em busca do Cristo Vivo Ressurreto, ou seja, o povo irá com um amor que possa ser refletido durante seu caminho. Também é preciso criar formas criativas de evangelizar com os sentimentos, sem fundamentalismo, sem julgamento, sem ideologia, somente com emoções transmutadas pelo Amor a Deus.

O conhecimento vivo da Palavra de Deus converte a pessoa para que ela possa desejar que seu amor seja alcançado por todos; e isso acontecerá não por meio de palavras, mas por meio de gestos concretos.

O teólogo e padre José Antônio Pagola, em seu livro "Recuperar o Projeto de Jesus", diz que há 4 (quatro) aspectos básicos para recuperação do projeto de Jesus:

> – Em primeiro lugar, temos de ver, claramente, que Jesus quer introduzir na vida a compaixão como princípio de ação.

> – Em segundo lugar, veremos que a compaixão que pede justiça nos exige orientar tudo para uma meta: uma vida mais digna e libertadora para os mais pobres, oprimidos e desvalidos.
>
> – A seguir, tomaremos consciência de que o programa de Jesus consiste em curar a vida das pessoas e a convivência social.
>
> – Por último, não esqueceremos que, no horizonte do projeto de Jesus, está sempre presente o oferecimento do perdão de Deus a todos os seus filhos (p. 3).

Reconhecemos que a Igreja vem sofrendo nos últimos tempos, por várias razões, inclusive por seus próprios erros e enganos, mas ela ainda é o melhor caminho, com todos os seus ensinamentos, todo o seu carisma, seu organismo, para reavivar o Projeto do Reino de Deus, com caridade, fraternidade, perdão e, sobretudo, com uma fé cega na ação amorosa de Deus, por intermédio do Espírito Vivo de Jesus na Santa Mãe Igreja.

Deixemos Deus ser Deus e passemos a ser apenas criaturas apaixonadas por Ele! Assim seremos corretamente guiados por suas mãos e inspirados por sua sabedoria.

5

Voltar ao primeiro amor

1. Salvos e remidos

> Deus amou tanto o mundo que deu seu Filho para nos salvar (Jo 1,16-17).
> Jesus ama Deus por meio do amor ao Reino de Deus!
> Santo Inácio ama a Deus por meio do amor à Glória de Deus!
> Santa Teresa ama a Deus por meio do amor aos pobres dos pobres de Deus!
> São Camilo de Lelis ama a Deus por meio do amor aos doentes de Deus!
> Eu amo a Deus por meio do Amor de Deus.
> E tu, como tu amas a Deus?

Guardadas as devidas questões teológicas sobre a Redenção de Cristo, quando nos atentamos para os sentimentos de Jesus e suas emoções, compreendemos que a Redenção começou desde seu nascimento. Não se trata de uma Redenção ocorrida apenas na Cruz, ou por sua morte; todos os acontecimentos conhecidos por nós mostram como se vive a vida de fato. Há tempo de preparo, tempo de espera, tempo de recolhimento, tempo de surgimento, tempo para cada ação, para cada momento, até mesmo um tempo para se apresentar com o Reino de Deus; e, em todo o tempo, há a plenitude da vida.

Jesus, Redentor dos homens, Salvador dos homens, é toda a essência do Reino de Deus; Ele é o Reino de Deus. E, ao deitarmos nossos olhos sobre esse Homem tão Divino, começamos a compreender como nós podemos agir diante de todos: dos amigos, dos falsos amigos, dos inimigos, da família, da Igreja, das religiões, dos pobres. Ele fez a opção por todos, não excluiu ninguém, não privou nenhum ser humano de estar a seu lado. Poderia até ter sua preferência, mas amou a todos, como o mais verdadeiro amante da humanidade. Seu amor e sua compaixão são sem precedentes.

Jesus tem uma força emocional muito intensa, que nos ensina como devemos ser humanos diante das alegrias e das adversidades. E, se observarmos como era sua forma de agir, vamos encontrar, em todo o seu ser, a Redenção divina a favor da pessoa humana em todos os contextos, até mesmo no extremo do sofrimento.

Se tivermos a coragem de sermos como o Mestre, que é a matriz da perfeição humana, vamos encontrar um caminho da paz, em nossas próprias ações, e compreender as ações dos outros. É preciso coragem para enfrentarmos todos os nossos defeitos e limites, como também os limites e defeitos de nossos irmãos; só com ela poderemos viver uma proposta honesta de conversão e superação de nós mesmos, por meio do Cristo Redentor.

Entender os limites humanos traçará naturalmente uma busca de pertença a Deus Pai. Assim encontraremos o desejo de Deus em nós e para nós, porque é nossa própria natureza que nos fala de Deus e do anseio a seu Amor; quanto mais distante desse amor mais vazio:

> O desejo de Deus é um sentimento inscrito no coração do homem, porque o homem foi criado por Deus e para Deus. Deus não cessa de atrair o homem para si e só em Deus é que o homem encontra a verdade e a felicidade que procura sem descanso (CIC 27).

O Cristo Salvador traz formas para sabermos conviver com nossas emoções conflitantes e nos provoca a refletir sobre como devemos administrá-las. Com essas reflexões dentro de nosso cristianismo, advirão também o amor, a esperança e a fé, que nos levarão sempre ao encontro do Amor de Deus. O fato é que, onde se encontrar Jesus salvando nossos comportamentos, nossos pensamentos, nossos sentimentos, encontraremos, com Ele, o total Amor e a Misericórdia de Deus. Todo o Cristo é Redenção, a partir dos sentimentos em ação; todo o Cristo é Redenção, a partir do perdão.

Quando encontramos em Paulo o espinho em sua carne, um caminhar emocionalmente sofrido, sabemos que para ele foi dada a Graça (2Cor 12,7-9), bastando a Graça, entendemos como é a ação redentora do Perdão. Quem tem a Graça de Deus tem tudo do Deus, que é Amor. Alguns sacerdotes se distanciam do Amor de Deus, porque não conseguem achar que o Perdão constante os coloca de novo entre seus amigos próximos, seus preferidos.

Santa Catarina ouviu Deus dizer-lhe: "O pecado que não tem perdão, nem neste mundo nem no outro, é o do homem que, desprezando minha misericórdia, não quer ser perdoado. É isso que eu considero mais grave... Pois é então que é injusto, não me dando o que me pertence e não dando a si próprio o que lhe pertence. A mim é-me devido o amor, o arrependimento da falta e a contrição; é isso que deve oferecer-me por suas ofensas, mas faz o contrário. Não tem amor nem compaixão a não ser por si mesmo, e só sabe lamentar-se dos castigos que o esperam. Desse modo, comete uma injustiça, e é, por isso, duplamente punido, por ter desprezado minha misericórdia" (Diálogo 37). O Perdão do Senhor é inclusivo e celebrativo: "Venha e vamos celebrar esse meu filho que estava morto e voltou, estava perdido, e foi encontrado" (Lc 15,23). Senti-lo é parte de uma vida iluminada pela Redenção, independentemente de quantas vezes cai e peca; o importante é o sentimento de Perdão, que deve rondar o coração humano e sempre voltar a ele, por ser o princípio do amor, que se converge a Deus.

Aceite voltar-se a Deus, como foi naquele primeiro momento do chamado que recebeu; e receba aquele que o salva.

2. Vós sois meus amigos e não vítimas

Entre tantas colocações de Jesus a seus discípulos, a mais amorosa está exatamente quando Ele diz: "Não vos chamo de servos, mas de amigos" (Jo 15,15).

Não importa muito as razões que um sacerdote tenha dado a si quando decidiu se candidatar a entrar em um seminário ou em um instituto religioso, pois o chamado de Deus vai muito mais além do que um simples motivo. Todos vão contar alguma história, e alguns podem ter feito a opção como fuga de si próprio. Porém há uma certeza acima desses convites: a razão de ficar no ofício de sacerdote, aquilo que o faz permanecer. Isso será sempre um mistério entre ele e Deus.

Esse chamado tão único a cada um deles não pode se separar da principal motivação que há para quem ocupa-se desse ofício: o total abandono e confiança, como fez o Senhor Jesus ao longo de sua vida.

Confiar-se a Deus, abandonar-se em Deus não é apenas acreditar que tudo o que fará dará certo, ou onde colocar a mão terá resultados positivos, ou, ainda mais frustrante, fazer da própria vontade. Isso vai muito mais além: é deixar-se com Deus. Essa confiança nele nasce do se reconhecer criatura: "Ser criatura é ser rico de Deus" (Pe. Romanelli, SJ).

Ao observarmos a ação de Eva, em seu diálogo com a serpente, percebemos sutilmente seus sentimentos. Esta, astuta, questiona-a se seria verdade que nenhuma árvore daquele jardim poderia ser tocada. Eva diz que apenas uma determinada árvore não poderia; porém o pedido de Deus era que não comessem o fruto. O que é perceptível nessa fala é uma insegurança e um medo, pois dizer que não poderia tocar na árvore significava não pegar o fruto e comê-lo. Na continuação do diálogo, a serpente revela que se o comessem seriam como Deus e conheceriam o bem e o mal. Vencido o medo, Eva passou a desconfiar do Senhor Deus e, como criatura primeira, não o amou suficientemente. Nesse momento, o pecado entrou em seu coração humano; não confiar em Deus é o cerne de todo e qualquer pecado que leva à morte.

Na cruz, Jesus, em sua última fala: "Está tudo consumado" (Jo 19,30), agiu com absoluta confiança. Embora algumas teologias sobre a Redenção afirmem que Ele tinha total certeza de sua ressurreição, outras dizem que não. No entanto, sabemos que a confiança que Jesus tinha no Pai foi muito maior do que qualquer dúvida que pudesse surgir. Ele sabia que jamais seria abandonado e encontraria, no fundo do abismo da morte, a Vida, a Ressurreição.

O âmago da Redenção de Cristo está exatamente na confiança em Deus, a qual leva o ser humano à vida (Mt 22,32), seja eterna, física, temporal, atemporal.

A vida sacerdotal nos tempos atuais é cheia de desafios, que podem, por muitas vezes, levar o presbítero a essa desconfiança do papel de Deus em sua vida. A amizade com o Criador requer bem menos ações do que qualquer outra. Mas, como toda amizade, requer intimidade. E, para haver um sacerdócio frutífero e mais saudável, momentos de abandono total na oração, com reflexão, encontro, escuta ativa, um tempo com Deus na intimidade de uma Eucaristia celebrada a sós, entre Deus e sua criatura preferida, são imprescindíveis.

Uma vez, um padre contou que outro sacerdote foi procurar o bispo de sua Diocese para dizer que deixaria a ordem. O bispo sabiamente o questionou se estava celebrando a Eucaristia diariamente, e ele prontamente negou. Então, o bispo lhe disse que já havia deixado o ofício muito antes de fazer o pedido.

Há uma constante luta do bem contra o mal da preguiça, do desânimo, do autocentralismo, das permissões dadas às várias tentações. A escolha de quem vai ganhar essa luta será a liberdade que o Senhor Deus dá para todos. Porém, quando se confia nele, com toda a intimidade do ser, com toda a alma, com todo o coração (Mt 22,37), as dores e os sofrimentos chegam, servem de lição, mas não têm permissão para serem maldição, para se afastar do que é sagrado.

O chamado de Jesus para um homem, a fim de que se cumpra o ofício do Sacerdócio, faz parte de seu plano de salvação para a humanidade, porque ser padre é uma convocação para salvar pessoas, para viverem, amarem, fortalecerem-se, confiarem.

O que foi escrito por Santo Inácio para a Instituição da Companhia de Jesus também é para todos aqueles que servem ao sacerdócio:

> O fim desta Companhia não é somente ocupar-se com a graça divina, da salvação e perfeição da alma própria, mas, com a mesma graça, esforçar-se intensamente por ajudar a salvação e perfeição da alma do próximo.

E essa relação entre sacerdote e Jesus não está para o entendimento comum, ou para algo que é explicado de forma racional, porque faz parte do mistério da Encarnação de Cristo. Todo sacerdote encarna Jesus em vários momentos de sua vida, de forma tal que, para cumprir esse chamado com dignidade, precisará repetir várias vezes:

> Já não sou eu quem vive, mas Cristo vive em mim. A vida que agora vivo no corpo vivo-a pela fé no filho de Deus, que me amou (Gl 2,20).

E esse amor, apesar de incondicional, é exigente, no que concerne à atuação do sacerdote, e reparador, em todos os instantes, para aqueles que buscam verdadeiramente viver por Cristo, com Cristo e em Cristo.

3. Sentir-se amado por Deus

A construção da vida de um sacerdote não se dá apenas até o momento da ordenação ou nas festas do aniversário sacerdotal, dá-se no dia a dia. E, mesmo sendo uma construção solitária, por causa das muitas funções que ocupam, do número de sacerdote reduzido ou, até mesmo, por sentirem o doloroso silêncio de Deus, a força motriz da vocação precisa ser sempre o amor de Deus. Mesmo que ainda não o sinta, esse amor tão cheio de especificidade, estará nele e acontecerá nos detalhes.

Entender o Deus, que habita no silêncio, na dor, no sofrimento, faz parte também do mistério que envolve a tarefa árdua de confortar, de consolar, de ajudar, de celebrar, de edificar, de alimentar etc. Não se pode falar do Cristo Crucificado, se não estiver na cruz; não se pode falar do Cristo transfigurado, se também com Ele não se transfigurar; não se pode falar do Cristo Ressurreto, se com Ele não ressuscitar; não se pode celebrar a memória de Cristo no sacramento dos sacramentos, se com Ele não se tornar o senhor da ceia (*In Persona Christi*), em que com Ele se dá o pão, com as mãos chagadas, o vinho, coroado de espinho. Na frequência e na participação nesse mistério, consiste a vocação das vocações.

O real "sacramento" praticado pelo sacerdote, tanto pela alma quanto pelo coração, é aquele que poderia ser o primeiro "sacramento" de Jesus, o primeiro mandamento cristão, o primeiro símbolo da Pedra Angular da Igreja católica: o "lava-pés". Todas as atitudes no ofício do ser sacerdote o levarão sempre para o momento de lavar os pés de quem o nega, de quem o trai, de quem o ama, de quem é amigo, de quem não é. Esse ato de entregar-se a um chamado somente o amor e a fé poderão suportar.

É muito comum encontrarmos sacerdotes exageradamente racionais diante do mistério, tentando, de forma contundente, explicação para cada ação de Deus nos estudos do Antigo e do Novo Testamento. A verdade é que se trata de algumas teorias, que podem ter fundamentos, mas que precisam ser lidas com amor a Deus. A teologia se sustenta em um coração quando é elaborada com amor e confiança extrema. Tentar explicar de forma racional até mesmo a

Onipresença e Onisciência de Deus não leva ninguém a lugar algum, principalmente se não estiver fundamentado no amor. Vale dizer que todo o excesso de racionalidade tende a esfriar uma relação, porque deixou de ser aceita com suas nuances de mistérios para ser explicada.

Muitas crises sacerdotais se iniciaram com o excesso de racionalidade teológica, e isso vale principalmente para os fundamentalistas que aguardam que o Senhor seja um julgador nos moldes parecidos com os seus. Dessa forma, a relação com Deus fica em estado de tibieza. O sacerdote, para se vestir de sua vocação, precisa se relacionar com o Pai, a partir da racionalidade de suas emoções, sentir seu querer, sua Santa vontade, compreender cada passo seu. Não se pode entrar em uma vocação apenas pelo desejo de querer ser ou pela beleza que a Santa Igreja oferece. Para isso, pergunte-se: onde você se encontra com Deus? Quando o consegue ouvir? Como o consegue sentir? Para se atingir um relacionamento profundo e íntimo com o Criador, é preciso sabedoria, dom do Espírito Santo, que não pode ser explicada racionalmente.

Uma atitude simples para melhorar o relacionamento com Deus é a oração constante, a partir das palavras de Jesus, que se colocava em oração, em entrega, com fé, a partir do sentido de pertença, de confiança. Mesmo sabendo quem era, submeteu-se humanamente à relação com "seu Pai, nosso Pai, seu Deus, nosso Deus" (Jo 20,17).

> Não são poucas as vezes que tomamos a liberdade de agir de acordo com nossas vontades, tomando à frente de qualquer que seja a inspiração de Deus sobre nós. Porém algumas linhas de estudo da neurociência acreditam que o livre-arbítrio é apenas uma

> jogada de nosso inconsciente, que, ao fim de tudo, se envolve mais em nossas ações que nossas próprias decisões. O psicólogo Benjamin Libet, em 2008, fez um experimento em que mostrou que uma região do cérebro, envolvida em coordenar a atividade motora, apresentou atividade elétrica, uma fração de segundos antes de os voluntários tomarem uma decisão. Assim sendo, a atividade cerebral precede e determina uma escolha consciente de modo involuntário, "autômato".
>
> Até você se tornar consciente, o inconsciente irá dirigir sua vida e você vai chamá-lo de destino (Carl Jung).

Contudo Viktor Frankl, em seu livro "A presença ignorada de Deus", diz que existe uma relação entre Deus e o homem. O que, muitas vezes, parece um monólogo forjado pelo consciente pode ser a manifestação da resposta que o inconsciente espiritual do ser buscou em Deus, por ser essa busca algo intencional mesmo que inconsciente. Dessa forma, o ser humano pensa que se realiza diante de suas decisões acreditando ser sua liberdade em cada um de seus passos. Porém, quando observa que talvez não tenha nem o livre-arbítrio, como alguns estudos vêm mostrando que é o inconsciente quem dita as regras, começa a se incomodar com essa possibilidade e passa a encontrar melhor razão para viver, isto é, em vez de achar que tem o livre-arbítrio, passa a se realizar com as inspirações que o Senhor promove na vida.

Uma relação de intimidade com Deus ocorre nas profundezas das orações cotidianas, constantes, oração que sai do coração ao coração de Deus, que com seu Filho foi chagado, que guarda o maior amor que podemos receber. Intimidade com Deus se consegue na entrega minuto a minuto.

Deus é humano em Cristo, Cristo é humano como nós, mas do Pai e do Filho emanam um Amor, que é divino, um Amor Criador, um Amor Renovador, um Amor Misericordioso para com todos, quanto mais para com seus amigos preferidos, os sacerdotes.

6

TESTAMENTO DE ESPERANÇA

1. Beato Dom Van Thuan – testemunhas da esperança

Faz algum tempo que um sacerdote me indicou o livro de Dom Van Thuan (1928-2002), "Testemunhas da Esperança", que sugiro a todos os sacerdotes. Nessa obra, vamos encontrar toda a lição para a superação que um homem, sacerdote, precisa para se manter vivo pela força da fé e esperança.

Dom Van Thuan, hoje beato, foi um Cardeal Vietnamita da Igreja católica. O regime comunista do Vietnã o levou à prisão, aos 47 anos, no dia 15 de agosto, Festa da Assunção de Nossa Senhora, e o manteve preso por 13 anos. Para viver a plenitude da elevação da alma, ele precisou conhecer as profundezas das mazelas humanas, até onde uma pessoa pode sobreviver quando submetida ao mal do coração humano. Há momentos em que a inclinação à maldade supera em inventividade. E a prisão, à qual Dom Van Thuan foi submetido, não era comum, ao contrário, era algo semelhante à morte da saúde mental, física e espiritual – se ele não tivesse lutado, não teria se mantido vivo e livre, pelo menos em mente e em espírito. Ficou em uma cela totalmente fechada, sem nenhuma ventilação, sem arejamento, com muita umidade e forte presença de bolor, o que era prejudicial a seus pulmões. Para conseguir respirar um ar mais puro, colocava o nariz embaixo da porta e, então, sentia uma significativa melhora na respiração. Como era um local muito pequeno, a própria circulação era inviável. Mesmo assim, contra toda e qualquer expectativa, fez o impossível para manter o funcionamento de seu organismo físico, com atividades que pudessem dar a ele alguma sobrevida.

Dom Van Thuan teve toda a sua liberdade podada! Como foi preso de forma repentina, não pôde levar absolutamente nada de seus pertences, nem sua cruz, sua Bíblia, nem nada do que poderia lembrar sua profissão de fé, sua religião católica. Logo que foi encarcerado, escreveu para alguém de sua residência pedindo-lhe que mandasse algumas trocas de roupa e vinho como remédio para sua dor de estômago. Então, todos os dias, com 3 gotas daquele vinho e com migalhas de pão, celebrava, na palma de sua mão, a Santa Eucaristia. Poderíamos dizer que era algo solitário, mas Jesus está acima de qualquer compreensão humana. Ele afirmou que, quando dois ou mais estivessem reunidos em seu nome, Ele estaria presente (Mt 18,20); nesse caso, o Espírito Santo se aproximou do tão humano Cardeal, e juntos celebraram a vida do Senhor Jesus. Mistério da fé, mistério da ressurreição, mistério que envolve a própria mística do Cardeal.

> Todas as vezes, tinha a oportunidade de estender as mãos e pregar-me na cruz com Jesus, de beber com Ele o cálice mais amargo. Todos os dias, ao recitar as palavras da consagração, confirmava com todo o coração e com toda a alma um novo pacto, um pacto eterno entre mim e Jesus, mediante seu sangue mis-

turado com o meu. Foram as mais belas missas de minha vida!" (Testemunhas da Esperança, p. 135).

Antes de ser ressurreto, de ser Eucarística, de ser Igreja, Jesus era a Palavra que se fez Carne; fazendo-se Carne, deixou a Palavra a seus amigos, para não perderem a Esperança. Dom Van Thuan também teve dificuldade com a palavra, não recebeu sua Bíblia, porém conseguiu, por meio do povo fiel, que não poderia visitá-lo, que um menino levasse para ele um calendário. Atrás dele, transcrevia as Palavras Sagradas que vinham a sua memória, e, dessa forma, também se alimentava da Palavra de Deus.

Em seu Testemunho de Esperança, afirmou que se fazia oração, que não tinha a sua mão o terço, mas soube ser Ave-Maria, e que, naqueles momentos em que se sentia vazio da vontade de rezar, algo acontecia. Os soldados que guardavam seu cárcere eram trocados a cada tempo, para não serem seduzidos pelo cristianismo que havia dentro de Dom Van Thuan. Dessa forma, não haveria como ter vínculo afetivo com ninguém. Entretanto um soldado ateu que aprendera latim pediu-lhe que ensinasse alguma música na língua; assim ele o fez. Por algum tempo, aquele soldado, em seu plantão, cantava enquanto se exercitava o *Veni Creator*:

Vem, Espírito Criador!

Vinde, Espírito Criador, a nossa alma visitai
e enchei os corações com vossos dons celestiais.

Vós sois chamado o Intercessor de Deus, excelso dom sem par,
a fonte viva, o fogo, o amor, a unção divina e salutar.

Sois o doador dos sete dons e sois poder na mão do Pai,
por Ele prometido a nós, por nós seus feitos proclamai.

A nossa mente iluminai, os corações enchei de amor,
nossa fraqueza encorajai, qual força eterna e protetor.

Nosso inimigo repeli e concedei-nos a vossa paz,
se pela graça nos guiais, o mal abandonamos.

Ao Pai e ao Filho Salvador por vós possamos conhecer
que procedeis do seu amor, fazei-nos sempre firmes crer.
Amém!

Observamos que o Beato Van Thuan é um exemplo a ser seguido, um homem ao qual se pede a intercessão naqueles momentos de dor, desespero, angústia, vividos por todos os sacerdotes, para se seguir o caminho da santificação rumo ao Ressurreto Ascendido. Sem seguir a vereda da superação, não há vitória; sem batalha, não há o que vencer. Aqui não podemos pensar na vitória do homem contra outro homem, mas na vitória do homem contra si mesmo, com o mal que há dentro e fora de si. Nossa própria humanidade nos pede força, pede-nos postura de quem vive a favor da vida.

Dom Van Thuan recebeu a liberdade no dia 21 de novembro, no dia da apresentação de Nossa Senhora; foi enviado para Roma e deposto de seu país natal. Vamos colocar essas datas no mesmo local dos mistérios que envolvem todos os seguidores de Cristo, daquilo que não tem explicação. Hoje, ele é cidadão do céu e se faz presente no mundo, sem que este perceba isso.

Sacerdotes, que atrevo dizer que são os amigos preferidos de Deus, não receiem a vida, não tenham medo do mundo, não temam a Igreja, pois há muito o que fazer. O Senhor Jesus, quando se apresenta Ressuscitado, garante que há razões para se ter esperança. Então, por que desistir no meio do caminho até o Senhor, enquanto se caminha sobre as águas, uma vez que já sabem que Ele os pegará pelas mãos e os levará para a barca novamente?

Na dor, coloquem a mão em Cristo, na Santa Eucaristia, e percebam que Ele está presente, que, embora as feridas estejam presentes, o coração esteja ferido, há a vida, que não pode ser perdida, tampouco, desperdiçada. Decidam-se sempre por ela, com Jesus, que venceu a morte por tanto amor à vida:

> Viver intensamente todos os instantes da vida é o segredo para saber viver bem também aquele que será o último. Paulo VI escreveu, em Pensiero alla morte, "não olhar mais para trás, porém fazer de bom grado, com simplicidade, humildade e decisão os deveres resultantes das circunstâncias em que me encontro, como tua vontade. Fazer logo. Fazer tudo. Fazer bem. Fazer alegremente o que queres tu de mim agora, ainda que supere imensamente as minhas forças e requeira de mim a vida. Finalmente, [vamos] a este último momento" (Paulo VI, 1979, p. 5).
>
> Cada palavra, cada gesto, cada "telefonema", cada decisão deve ser a coisa mais bela de nossa vida. Reservemos a todos o nosso amor, nosso sorriso, sem perder um segundo.
>
> Cada momento de nossa vida seja:
>
> – o primeiro momento;

– o último momento;
– o único momento" (Testemunhas da Esperança, p. 66-67).

Vivam a vida com Cristo, por Cristo e em Cristo.

2. Reflexão aos sacerdotes

Sacerdotes, pais na fé, meus irmãos em Cristo, amigos pela misericórdia de Deus, sois sal e luz na terra (Mt 5,13-14), e não se pode olhar para nossa Igreja sem perceber o humano e o sagrado que há nela. Neste momento, não queira distinguir o santo do profano, para ver o que há de melhor nela: Deus e o homem, nas perspectivas Criador e criatura.

Quem é Deus em você? Quem é Jesus Cristo em você? Para essas perguntas, é preciso notar os detalhes de uma relação, que, muitas vezes, pode parecer silenciosa.

Deus é exuberante como Criador! Exageradamente criativo, fez de nosso mundo um lugar perfeito para vivermos, com diversidade em toda natureza: cores, sabores, aromas, moldes. Aqui nada é semelhante, nada se repete, nem mesmo a brutalidade de uma pedra; tudo são formas criadoras de apresentarem a tipografia de Deus.

O Pai está impresso em toda a criação; sua marca, ou seja, sua expressão estão por toda a parte, porém, mesmo sua escrita estando em tudo, é por meio de nós que sua manifestação é sentida, é lida. Somos nós seus leitores, somos nós que o deciframos. Não somos ilesos a Deus em nenhum instante de nossa vida, tamanha é sua vontade de estar conosco; esse é o amor que Ele faz questão de nos declarar.

E de tudo que há neste mundo tão filial de um Deus matriz, nada é mais perfeito do que o ser humano, que Deus fez de forma tão perfeita que desejou ser conosco **Um**. Desejou ser conosco **Nós**. Mais do que morrer por nós, a maior prova de amor é alguém desejar ser como nós, pequenos diante da criação, efêmeros, que do pó nascemos e ao pó voltamos. Por meio de seu Filho Jesus, Deus nos ensina a viver, com nossos sentimentos, comportamentos, nossas opções de vida, nossas decisões. Para tudo o que engloba a ação e a emoção humana, diante dos acontecimentos, Jesus Cristo deixou um forte ensinamento. E, dessa forma, com Cristo, vamos aprendendo a viver neste mundo, e a vida passa a ter muito mais sentido, mais significado quando explorada em Deus por intermédio de Cristo. Se acaso vivêssemos com Jesus, por Deus, tudo terminasse em algum espaço de tempo e a vida não se perpetuasse através da eternidade, já valeria muito a pena ter vivido. Porque a vida vale a pena quando vivida para Deus, seja ela curta, seja ela eterna.

Nosso Deus é de realidades, de realizações. Se por um lado, no Antigo Testamento, temos as promessas de Deus, por outro lado, no Novo, encontramos a grande realização dessas promessas: Jesus de Nazaré, o Cristo Ressuscitado. O Filho do Deus vivo, na inversão de qualquer lógica, define a felicidade em seu sermão na montanha. Neste, felizes não são apenas os ricos e afortunados, ou somente os que sofrem, os pobres, os injustiçados; felizes podem ser todos, porque, quando alguém perturba nossa paz, desestabiliza nosso ser, Jesus nos devolve a nós mesmos com sua paz, marcando a dignidade divina que há no humano. Ele não é apenas uma promessa para um tempo vindouro, seu Reino não é algo apenas para o futuro, tudo em Cristo é sim uma realização, que se inicia na essência humana, na vontade imensa de agradecer o dom da vida ao Senhor Deus: Jesus vale muito a pena ser vivido no dia a dia!

E é essa beleza de viver com Cristo que nossa Santa Mãe Igreja tenta deixar por herança. A palavra "tenta" está proposital, porque nem sempre a Igreja consegue transparecer que, de tudo o que há, o mais importante está na relação entre Deus, seu Filho e o homem. Infelizmente, ela ganhou um fardo muito pesado ao longo de seu tempo; o que era simples, com um manto, um par de sandália, foi ficando pesado demais para um homem carregar sozinho sem a intervenção divina. Nem o comandante da barca, nem os discípulos pescadores, nem os fiéis estavam preparados para a contemporaneidade recheada de desafios: depressão, ansiedade, síndromes, comparações, crise de dissimilaridade, ambições exageradas, provocações, excesso de trabalho. Talvez seja preciso um passo atrás, uma reflexão mais profunda para compreender que o Cristo infatigável, que anuncia o Reino e faz milagres, é cheio de afetos. Sua grande paixão pelo Reino precisa ser a mesma razão para quem deseja compor o Corpo da Igreja. Sendo ela a primeira e principal, a paixão pelo Reino trará mais ardor evangelizador, e nossos padres, em vez de sofrerem com comparações entre sua vida, terão o benefício de a refletir.

Muito sangue foi derramado para que o Evangelho chegasse a nós! O que seria de nós sem os santos ou os anônimos mártires? O que seria de nós se essas pessoas não se dispusessem a morrer pelo Evangelho? Como se daria a perenidade da salvação que hoje recebemos se essas pessoas não estivessem dispostas a viverem até a morte pelo Cristo, pelo Reino, pelo Evangelho, pela Igreja? É preciso salientar aqui que o Reino precisa de vida, e não de mortos para que chegue a todos os corações. Os fiéis buscam vida, o clero procura vida, a Igreja procura vida, e essa vida chega por meio de sentimentos bons, ordenados e positivos.

A ordenação de mulheres na Santa Igreja não é necessária, pois, talvez, perderíamos muito. E não é só por meio da ordenação que uma mulher pode ajudar a Igreja. As mulheres são capazes de tomar decisões difíceis sem se distraírem de seus afetos natos e maternais, tanto que a formação e educação de um ser sempre foi atribuição feminina.

Qualquer espaço social, governos, empresas, Igreja, família, em que um só gênero dite todas as regras, perde-se muito. Assim sendo, há também a necessidade de se acolher as contribuições que vêm das mulheres, pois isso tornaria as relações menos competitivas, mais afetuosas e mais astutas. E Jesus tem tanta certeza de um mundo em conjunto, que, mesmo tendo homens entre seus apóstolos, foi para sua amiga, Santa Maria Madalena, que se apresentou Ressurreto. Jesus uniu em suas relações os homens e as mulheres, a ponto de os Evangelistas não esconderem nem banalizarem que sua ressurreição foi apresentada a uma mulher e que, em seu andar para o calvário, foi seguido apenas por suas amigas. Sim, Jesus conseguia unir os diferentes na mesma causa.

Também, são infrutíferas discussões sobre os votos de castidade, enfatizada pelo Cristo, quando disse: "Os eunucos que se fizeram eunucos por causa do Reino dos Céus" (Mt 19,12). Ele sabia como trabalhar sua humanidade, mas era preciso falar sobre castidade, afetividade, sexualidade sem barreiras, sem preconceito, com mais clareza e objetividade. Talvez a gestão dos afetos seria uma forma de fazer com que o telhado do clero deixasse de ser de vidro; muitos escândalos poderiam não acontecer, se fossem trabalhados os afetos sem tabu ou sem ser algo proibido; afinal os afetos sexuais são humanos e, quando ordenados, acontecem de forma positiva.

No Evangelho segundo Marcos, temos, por muitos momentos, a narrativa do evangelista sobre um Cristo, que toca, toma e segura, o que demonstra que o contato com a mão do Senhor é algo importante para sua humanidade (Mc 1,31; 1,41; 5,30, 40 e 41; 6,41 e 56; 7,33; 8,22; 9,27 e 36; 14,22 e 23), uma demonstração de afetos em um tempo em que o tocar era uma afronta. O afeto sincero, tão pouco usual entre o clero, precisa ser resgatado nos exemplos de Jesus, que derrubou barreiras em seu tempo, apresentando-se afetuoso, ousado, amoroso, transgredindo os métodos de tratamento para deixar a marca de Deus em suas expressões afetuosas: Deus é Abba; seguidores são amigos; mulheres são testemunhas de ressurreição e companheiras. Se, por um lado, estamos em um tempo em que tudo pode tornar-se assédio, por outro, podemos externar com palavras positivas, com elogios – dificilmente ouvidos tanto nas reuniões clericais, quanto nos sermões, nas pregações e formações – o que todos fazem de bom para contribuir com a vida humana em construção.

Estou falando de sensibilidade, a mesma que o Cristo tem e que o fez parar, ouvir um cego gritando (Mc 10,46-52), ressuscitar um único filho morto (Lc 7,11-17), ou perceber o depósito aos cofres da igreja de uma pobre senhora (Lc 21,1-4). É importante se sensibilizar com o Cristo, como o Cristo. Para falar de um Jesus, que cura, é preciso falar como quem cura, motivando, elogiando, incentivando, agregando e sensibilizado.

A saúde da alma do clero anda em conjunto com a saúde de sua mente. Mente e alma são irmãs, precisam de cuidados nas mesmas proporções. A racionalidade é importante se for sentida no coração, manifestada por meio do coração, em que podemos saber melhor a vontade de Deus; as emoções são importantes se pensadas por meio da razão.

Dessa forma, elogiem o clero, o amigo padre, aquele que está dentro de sua comunidade! Elogiem, falem, detenham um olhar mais cheio de misericórdia para todos, para o que tem afinidade e para aquele com quem não compartilham do mesmo gosto, pois a beleza da Igreja está nas várias formas de ser Igreja; os membros de um corpo não se repetem, os dons são únicos a cada pessoa, que compõe o Corpo Eclesial do Cristo.

A Igreja nasceu por um ato de amor de Deus, e o elogio é uma das muitas formas que faz o amor permanecer. Não se trata de uma técnica ou um mecanismo corporativo, e sim de um jeito novo de se fazer Igreja, sem deixar de ser Igreja. Os ritos são importantes ao ser humano, todas as culturas e raças falam com as pessoas por meio de seus rituais. Assim é a ação da Igreja, não podemos nos descuidar dessa necessidade tão humana, em que o divino se manifesta. Nela, podemos incluir mais sensibilidade para perceber que todos são humanos e têm uma história com Deus diferente para contar, sem nos esquecermos de que a forma de estar com Deus, de se relacionar com Ele é diferente, é única em cada pessoa e de que acolher essa relação faz parte do processo de sensibilização. Não é uma mudança de mentalidade, mas um seguir a intuição perceptível ao coração do homem, referente à santa vontade de Deus (*Eudokia* – querer bem de Deus, a alegria benevolente de Deus, em relação aos homens).

Sejamos promotores do Pentecoste Sacerdotal! A Igreja clama por isso, o povo ardentemente aguarda por isso. Mesmo sendo tempos difíceis e aparentemente caóticos, com crises pré-estabelecidas, estamos em tempo de renovação social e de reforma íntima, por isso precisamos perceber que a construção do homem se dá no coletivo, em um movimento existencial; o interno e o externo se integram no âmago do ser, e Deus se integra, unindo-se a nós em cada detalhe, por meio do mundo, do meio ambiente, do homem, da sociedade e da Igreja, que permanece aberta para que todos possam entrar, pois nem o inferno é capaz de vencer (Mt 16,18).

Para que os que estão fora entrem, é preciso receber um convite que chega de quem é íntimo de Deus. Quando um cristão retorna para a Igreja ou uma pessoa entra nela, precisam ser recebidos com amor, afeto, em primeiro lugar. A caridade é o passaporte para que pessoas entrem ou voltem para a Igreja; já os sacramentos funcionam como um carimbo de cidadania da Igreja. E só dá amor quem recebe amor. Não é momento para se dividir, rebelar-se, criar ideologias e conspirações. A Igreja não pode dar espaço para abrigar seu inimigo maior, aquele que divide. É ilusão achar que Satanás tem Deus como inimigo, porque seu inimigo é o ser humano.

> Não devemos esconder, entretanto, que numerosos cristãos, generosos e sensíveis perante os problemas dramáticos que se apresentam..., ao quererem atuar o empenho da Igreja no esforço de libertação, têm frequentemente a tentação de reduzir sua missão às dimensões de um projeto simplesmente temporal; seus objetivos a uma visão antropocêntrica; a salvação de que ela é mensageira e sacramento a um bem-estar material; sua atividade a iniciativas de ordem política ou social esquecendo todas as preocupações

> espirituais e religiosas. No entanto, se fosse assim, a Igreja perderia seu significado próprio. Sua mensagem de libertação já não teria originalidade alguma e ficaria prestes a ser monopolizada e manipulada por sistemas ideológicos e por partidos políticos. Ela já não teria autoridade para anunciar a libertação, como sendo da parte de Deus... (Papa Paulo VI, *Evangelii Nutiandi*, 32).

Há uma jornada longa pela frente. É preciso seguir! É urgente o anúncio do Reino e, antes disso, é primordial que volte a sua base, em que de fato está sua vocação maior, que é a de ser reconhecido pelo amor. É preciso socorrer seus amigos padres, seus bispos, o clero. É fundamental que o clero se abrace e sinta-se unido como irmão! A inteireza do sacerdócio estará sempre na repetição do lava-pés e da última ceia, porque os "amigos preferidos de Deus" repetem, em todas as instâncias, as ações de seu Filho.

> ... De fato, queridos amigos, o sacerdote é um dom do coração de Cristo: um dom para a Igreja e para o mundo. Do Coração do Filho de Deus, transbordante de caridade, brotam todos os bens da Igreja, e de modo particular tem origem a vocação daqueles homens que, conquistados pelo Senhor Jesus, deixam tudo para se dedicar totalmente ao serviço do povo cristão, a exemplo do Bom Pastor. O sacerdote é plasmado pela própria caridade de Cristo, aquele amor que o levou a dar a vida pelos seus amigos e também a perdoar a seus inimigos. Por isso os sacerdotes são os primeiros operários da civilização do amor. E aqui penso em tantas figuras de sacerdotes, conhecidos ou não, alguns elevados às honras dos

altares, outros cuja recordação permanece inesquecível nos fiéis, talvez em uma pequena comunidade paroquial. Como aconteceu em Ars, a aldeia da França onde São João Maria Vianney desempenhou seu ministério... Mas sua intercessão deve acompanhar-nos ainda mais de agora em diante. Sua oração, seu "Ato de amor" que tantas vezes recitamos... continue a alimentar nosso diálogo com Deus... (Papa Bento XVI, *Angelus*, 13/06/2010).

3. Reflexão ao povo de Deus

Queridas Comunidades, que alegria poder participar, em algum recôndito deste mundo, do pedaço do povo de Deus, que compõe a Igreja, ajudando com um voluntarismo cheio de amor e de intenções. E esse é o amor que transcende, que emana do puro desejo de fazer com que a humanidade o sinta. Não deve haver outra razão para quem frequenta e ajuda a Igreja. A vocês que humanamente amam o divino peço uma reflexão. Penso que a vocação sacerdotal é a vocação das vocações, porque não se trata de uma simples escolha, ou até mesmo de uma mudança de vida civil. Nela está contida a amplitude do que pode abranger a palavra desprendimento: renúncia, desapego, abdicação; em tudo isso uma pertença total para a parte humana e divina da Igreja católica. Nós, povo fiel, somos a parte humana; os sacramentos, as emoções advindas do Espírito Santo e os mistérios são sua parte divina.

Quando colocamos um olhar mais espiritualizado sobre a Santa Igreja, é perceptível notar que o ministério sacerdotal tem por essência, em muitos momentos, a mística do Cristo

Crucificado: o sacrifício, a redenção, a rejeição, a DOR DO ABANDONO, da traição e também a entrega absoluta ao Senhor Deus, como Jesus no alto da Cruz, "inclinou sua cabeça e entregou o espírito" (Jo 19,30).

Contudo, quando conhecemos mais de perto o sacerdote e sua vocação, reconhecemos sua humanidade e percebemos o quanto que nós, como povo fiel, e a Igreja (instituição) exigimos deles comportamentos que perpassam muito mais pelo caminho da perfeição, do que pelo caminho da salvação. Desprendemos deles, por iniciativa nossa, um olhar de compaixão e ofertamos comentários cheios de críticas, fazendo com que a vocação tenha um peso muito maior do que ela, sozinha, tem por excelência. Nesse sentido, é preciso uma mudança de nossa postura.

Esquecemos que dentro da Santa Mãe Igreja a ordem sacerdotal é o maior de todos os sacramentos, porque os sacramentos que buscamos são a nós ofertados pelas mãos ungidas dos padres.

Se acaso entrarmos em qualquer Igreja católica do mundo inteiro, mesmo que não entendamos a língua, saberemos, por meio dos atos deixados pelo sacerdote, presente ou não, que aquela Igreja também é nossa casa; por meio dele temos uma casa no mundo inteiro, temos o corpo de Cristo, em Eucaristia, de sol a sol. Se fecharmos nossos olhos, em um momento de muita dor, poderemos imaginar que, em algum lugar do mundo, um padre está celebrando a Santa Missa, que o Sacrifício Perfeito acontecerá em algum altar e, nesse momento, poderemos nos sentirmos vivos com o Cristo Eucarístico, Ferido e Ressuscitado; tudo isso por uma ação sacerdotal.

Muitas vezes o sacerdote se desprende de sua própria essencialidade, para atender nossos pedidos e nossas dores, ou até nossas exigências. E, talvez, por isso, que os dados são alarmantes, em relação a seus estados emocionais, que os levam à desordem comportamental, à depressão, e até à ação extrema de uma grande dor humana: ao suicídio.

Como a vida de nossos sacerdotes têm importância para nós, precisamos ter atenção, para sabermos como estão; não podemos nos distrair de seus sentimentos, tampouco dar apenas dinheiro ou alimentar relações de interesse; podemos ofertar amizades sinceras sem julgamentos e sem omissão. Eles, padres e religiosos, compõem também a parte humana da Igreja, junto com os todos os mistérios que os envolvem, ou melhor, que nos envolvem.

Tenhamos mais discernimento ao falarmos de outro fiel para nosso padre, mais sabedoria ao levarmos problemas pequenos, mesquinhos e egoístas, sejamos mais piedosos em nossas relações dentro da Igreja. Podemos tornar a Igreja, com os sacerdotes e religiosos, um lugar encantador, onde o sagrado seja sentido. Podemos fazer com que a Igreja seja humana e deixar para Deus o que cabe ao divino que há entre nós. Não podemos perder vidas ou vocações. E, se porventura algum sacerdote nos fere, há muitos outros prontos para nos amar por Cristo. Estamos todos envolvidos no Projeto de Salvação de Deus, somos peças importantes para o anúncio do Reino, fazemos parte de uma Igreja inserida em um mundo tentador, sejamos, então, fontes de coragem para nossos irmãos sacerdotes, auxiliando-os, animando-os, fortalecendo-os, orientando-os e, acima de tudo, ofertando sempre nossas orações, mesmo em momentos de mágoas.

Distante de ser uma solução para seus problemas, ou para os problemas da Igreja, que são muitos, podemos, em comunhão, ser uma forma de tentar reanimar a fé deles no amor de um Deus apaixonado por esses seus prediletos filhos vocacionados. Sejamos pontes, sejamos amigos, sejamos cristãos com eles na formação do Corpo Glorioso do Cristo. Reavivar um sacerdote é o primeiro passo para reavivarmos o mundo.

> Vocês não terão meu ódio. Na noite de sexta-feira, vocês acabaram com a vida de um ser excepcional, o amor da minha vida, a mãe do meu filho, mas vocês não terão o meu ódio. Eu não sei quem vocês são e não quero saber; vocês são almas mortas. Se esse Deus pelo qual vocês matam cegamente nos fez a sua imagem, cada bala no corpo de minha mulher terá sido uma ferida em seu coração. Eu não vou dar a vocês o presente de odiá-los. Vocês o procuraram, mas responder ao ódio com a cólera seria ceder à mesma ignorância que fez vocês serem quem são. Vocês querem que eu tenha medo, que eu olhe para meus concidadãos com olhar desconfiado, que eu sacrifique minha liberdade pela segurança. Vocês perderam. Nós vamos continuar jogando nossa partida. Eu a vi esta manhã. Finalmente, depois de noites e dias de espera. Ela ainda estava tão bela como quando partiu na noite de sexta-feira, tão bela como quando me apaixonei perdidamente por ela, há mais de doze anos. É claro que estou devastado pela dor – concedo a vocês esta pequena vitória, mas ela será de curta duração. Eu sei que ela vai nos acompanhar todos os dias e que vamos nos reencontrar no paraíso das almas livres, ao qual vocês nunca terão acesso. Nós agora somos dois, meu filho e eu, mas nós somos mais fortes do que todos os exércitos do mundo. Eu não tenho mais tempo para dar a vocês; eu vou buscar o Melvil, que está acordando de sua sesta. Ele

> só tem 17 meses, vai comer sua papinha como todos os dias, depois nós vamos brincar como todos os dias, e, durante toda a sua vida, este rapaz vai fazer a vocês a afronta de ser feliz e livre. Porque não, vocês nunca vão ter o ódio dele[6].

Sejamos com nossos irmãos: fiéis. E com nossos sacerdotes: cristãos.

---

[6] Depoimento pessoal de Antoine Leiris em seu perfil no Facebook – vítima do ódio assassino, ocorrido no dia 13 de novembro de 2015 em Paris. fonte: https://pt.aleteia.org/2015/11/19/vede-como-eles-se-amam-sera-que-os-pagaos-poderiam-dizer-isso-dos-catolicos-de-2015.

7

Oração da esperança do sacerdote

Senhor, permita-me, nesta minha missão de ser sacerdote, viver na esperança das bem-aventuranças:

Sendo Feliz, por ser pobre em espírito; não querendo provar para o mundo o quão inteligente sou ou tentando mudar os outros; desejando apenas mudar a mim mesmo, para que eu possa ser sua Face, e, assim, levar para o Reino dos céus seu povo.

Sendo Feliz, mesmo quando eu chorar, aceitando as pessoas como são, tentando entender que todos estão certos em sua própria perspectiva, para que então eu sinta sua doce Consolação e seu mistério em mim.

Faça-me Feliz, em pura mansidão, para que eu entenda que o que faço é para sua paz; assim, poderei herdar a terra com você, a seu lado.

Dê-me a felicidade de ter fome e sede de justiça, sentindo paz comigo mesmo e com meus valores, e assim fartar-me de sua justiça.

Faça-me Feliz, encontrando minha misericórdia, sendo capaz de não ter "expectativas" em nenhum relacionamento e doando apenas pelo bem de me doar, para alcançar sua Misericórdia.

Dê-me a felicidade de ter um coração limpo, manso, humilde, distinguindo entre "o precisar" e "o querer" e ser capaz de deixar ir meu querer, para, então, poder vir seu querer, meu **Senhor**.

Faça-me feliz, **Senhor**, sendo um pacificador, aprendendo a "deixar ir" tudo o que necessário, não me comparando com mais ninguém, para que o mundo me reconheça como seu verdadeiro filho.

Faça-me feliz, **Deus Pai**, quando eu estiver sofrendo perseguições, para não cair na tentação de buscar aprovações, de reclamar, e ajude-me apenas a buscar ser seu espelho.

E, por fim, **Senhor**, eu lhe peço que me dê a Graça de não colocar minha felicidade em coisas materiais, em status, na vaidade, para que eu possa ter a **Maturidade Espiritual**. Quando me injuriarem, perseguirem-me e, mentindo, disserem todo mal contra mim, por sua causa, eu tenha toda a Esperança, em meu coração, de acreditar que cada minuto de minha vida será meu grande galardão no céu.

(Passagem de Mateus 5,3-12, narrada no texto "Maturidade Espiritual", de Jalalad-Din Muhammad Rumi, mestre espiritual persa do séc. XIII)

Bibliografia

Anselm Grün. *Homens da Bíblia*: lutar e amar para encontrar a si mesmo. Ed. Vozes, 2013.

Francisco Rinaldo Romanelli. Artigo *Eleição Pedra de Toque dos exercícios de Santo Inácio*. Revista Itaici, n. 27.

François X. N. Van Thuan. *Testemunhas da Esperança*. Ed. Cidade Nova, 2010.

Henri Nouwen. *O Curador Ferido*: Ministério na Sociedade Contemporânea. Ed. Vozes, 2020.

José Antonio Pagola. *Recuperar o Projeto de Jesus*. Ed. Paulus, 2016.

Luciana Campos. *A dor Invisível dos presbíteros*. Ed. Vozes, 2018.

Luís Gonzales Quevedo. *Um sentindo para a vida-Princípio e Fundamento*. Ed. Loyola, 2007.

Santo Inácio. *Exercícios Espirituais*. Ed. Loyola.

Viktor Frankl. *Em Busca de Sentido*. Ed. Vozes.

Viktor Frankl. *A presença ignorada de Deus*. Ed. Vozes.

Índice

Prefácio 3

Apresentação 7

Introdução 11

1. As dores dos sacerdotes 15
   1. A dor da incompreensão 15
   2. A dor do vazio 19
   3. A dor do abandono 23

2. Sacerdote: um curador ferido 29
   1. Desolação, ansiedade e depressão 29
   2. Conselhos evangélicos 32
   3. O curador ferido 36

3. Vencer o medo e as inseguranças 41
   1. Autoestima x ego 41
   2. Além da vocação 45
   3. O chamado dentro do chamado 49

4. Desenvolvimento pastoral do sacerdote 55
   1. Rogai ao Senhor da messe 55
   2. Formação, informação, comunicação e missão 59

3. O Reino de Deus não é uma promessa, é uma realidade 62

5. Voltar ao primeiro amor 67
1. Salvos e remidos 67
2. Vós sois meus amigos e não vítimas 70
3. Sentir-se amado por Deus 73

6. Testamento de esperança 79
1. Beato Dom Van Thuan – testemunhas da esperança 79
2. Reflexão aos sacerdotes 84
3. Reflexão ao povo de Deus 92

7. Oração da esperança do sacerdote 97

Bibliografia 99

Este livro foi composto com as famílias tipográficas Alegreya e Snug
e impresso em papel offset 70 g/m² pela **Gráfica Santuário**.